Lecturas amigas 6

PRIMARIA

W0400889

Santillana

El libro **Lecturas amigas** de sexto curso de Educación Primaria es una obra colectiva, concebida y realizada en el Departamento de Primaria de Santillana Educación, S. L., bajo la dirección de JOSÉ LUIS ALZU y MAITE LÓPEZ-SÁEZ.

En la realización han intervenido:

Textos: Fernando Almena, M.ª Jesús Bajo, Alicia Borrás, Seve Calleja, Leopoldo Cañizo, Inma Díaz, Carlo Frabetti, Lourdes García G., Carmen Gil, Ricardo Gómez, A. A. Gómez Yebra, Inés M.ª Guzmán, Manuel Jurado, Estrella Molina, Antonio Monterroso, Gonzalo Moure, Rafael Ordóñez C., Mar Pavón, Carlos R. Gesualdi, J. A. Ramírez Lozano, Enrique Roncero, Ana Rossetti, María Sanz, Mary Solari, Ayes Tortosa, Pablo Zapata.

Ilustraciones: M.ª Jesús Santos

Dirección literaria: Sagrario Luna

Edición: Maite López-Sáez

EQUIPO TÉCNICO

Dirección técnica: Ángel García

Coordinación técnica: José Luis Verdasco
Corrección: Andrés San Miguel y M.ª Carmen Ríos
Composición y montaje: Raquel Carrasco

Dirección de Arte: José Crespo

Diseño de interiores: Cristina Vergara y Rosa Marín
Diseño de cubierta: Cristina Vergara
Coordinación artística: Carlos Aguilera y Raquel Carrasco

Este libro corresponde al tercer ciclo de Educación Primaria y forma parte de los materiales curriculares del proyecto editorial de Santillana.

Torrelaguna, 60 - 28043 Madrid
PRINTED IN SPAIN
Impreso en España en
Talleres Gráficos Mateu Cromo, S.A.
Ctra. Pinto a Fuenlabrada, s/n.
Pinto (Madrid)
ISBN: 84-294-8462-0
Depósito legal: M - 1.389 - 2006

Presentación

En nuestro afán por captar nuevos miembros para la familia universal de los lectores y lectoras, los editores intentamos ofrecer oportunidades para leer más, métodos para leer mejor, programas para leer de todo, estrategias para leer más rápido, proyectos de lectura originales e imaginativos... Porque la lectura es la llave del progreso personal y social.

Los **siete libros** de la colección **Lecturas amigas** para la etapa de Primaria comparten esa ilusión. El propio título de la serie anuncia ya una íntima complicidad entre los lectores y los textos. Es otro proyecto de lecturas, pero no un proyecto más, porque por sus características ocupa un lugar propio:

Son **lecturas programadas**, estrechamente ligadas a la progresión de cada curso escolar y organizadas en unidades paralelas a los libros de texto.

Son **lecturas escritas expresamente para esta colección**, que incorporan valores de originalidad, sorpresa, medida, interés y, sobre todo, de calidad. No en vano son aportaciones de escritores con una larga experiencia en la Literatura infantil.

Son **lecturas atractivas**, pues su objetivo esencial es conseguir que los lectores disfruten leyendo y se sientan impulsados a leer otros libros. Las claves de este atractivo están en la diversidad de los puntos de vista, la utilización de recursos imaginativos y la cuidada redacción.

Son **lecturas variadas**, que recogen los tres géneros literarios: narrativa, poesía y teatro. Incluyen además una gran variedad de temas y tipos de textos: humor, aventuras, fantasía…

Son **lecturas con actividades**, que acompañan al lector en el descubrimiento de los secretos del texto que ha leído y le proporcionan estrategias útiles para comprender cualquier clase de texto.

En definitiva, **Lecturas amigas** son siete libros graduados que constituyen un proyecto completo e integrador para toda la etapa de Primaria. Nuestro deseo es que cada uno de estos libros sea motivo de disfrute y aprendizaje, y deje una impronta que impulse a seguir leyendo de forma inteligente y personal.

LOS EDITORES

Índice

Destrezas de comprensión lectora

Habilidades	Unidades													
	1	2	3	4	5	6	7	8	9	10	11	12	13	14
Reconocimiento del lugar				X	X		X			X	X			X
Identificación del tiempo		X		X		X		X		X		X		X
Identificación y análisis de los personajes	X	X	X	X	X	X	X	X		X		X	X	
Reconocimiento de la secuencia temporal						X		X	X					X
Reconocimiento de la acción	X	X	X	X	X	X	X	X	X	X			X	X
Identificación de detalles	X	X	X	X	X	X	X	X	X	X	X	X	X	
Reconocimiento de las partes de la historia	X	X	X				X	X	X	X	X	X		X
Expresión de opiniones	X		X					X		X	X		X	
Implicación personal		X		X				X	X		X	X	X	

1 Lo que desean las mujeres

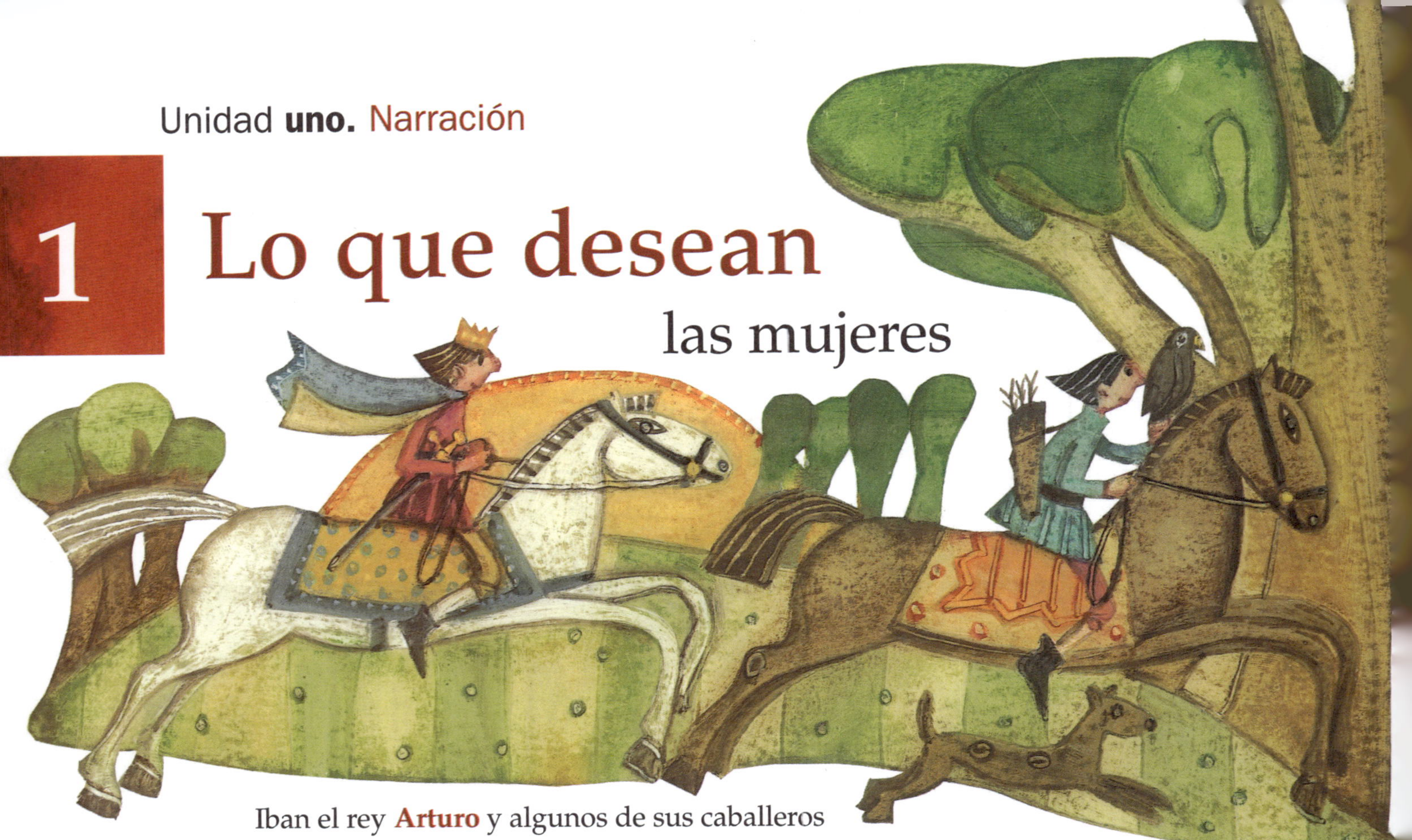

Iban el rey **Arturo** y algunos de sus caballeros de cacería por el bosque cuando, de pronto, pasó corriendo ante ellos un majestuoso ciervo. Arturo **espoleó** su caballo y emprendió la persecución del magnífico animal, pero no logró darle alcance. Cuando se quiso dar cuenta, el ciervo había desaparecido de su vista y él de la de sus compañeros.

Mientras buscaba el camino de regreso, se encontró con un caballero de reluciente armadura que, con la visera calada, le gritó:

–¡Lucha por tu vida!

Arturo desmontó y desenvainó su espada Excalibur. El misterioso caballero hizo lo propio y **sin más preámbulos** se enzarzaron en un feroz combate.

El rey era un gran guerrero, y su espada tenía fama de invencible; pero iba vestido de caza, sin armadura, y su poderoso contrincante, protegido por su férrea indumentaria, acabó imponiéndose. Alzó la espada, dispuesto a descargar el golpe fatal, cuando Arturo lo **increpó** en estos términos:

–Ha sido un combate desigual. Tú llevas armadura y yo no.

–Tienes razón –admitió el misterioso caballero–, de modo que te daré la oportunidad de salvar tu vida. Dentro de un año te esperaré en este mismo lugar y tendrás que traerme la respuesta a esta pregunta: ¿qué es lo que más desean las mujeres? Si me das la respuesta correcta, te dejaré vivir; de lo contrario, mi espada completará el movimiento que ahora interrumpe.

Dicho esto, montó en su caballo y desapareció en la espesura.

Arturo: figura de leyenda de la Inglaterra medieval, fundador de la orden de los Caballeros de la Mesa Redonda y amigo del sabio Merlín.
espoleó: golpeó con la espuela.
sin más preámbulos: sin más explicaciones.
increpó: habló con dureza; reprendió.

Cuando, al cabo de unas horas, Arturo se reunió de nuevo con sus compañeros de cacería, les contó lo ocurrido. Uno de ellos, el valiente y generoso Gauvain, sobrino del rey Arturo, viéndolo tan profundamente turbado, le dijo:

–No te preocupes, Arturo. El mago Merlín seguramente sabrá la respuesta. Y si él no la conoce, recorreremos todo el país preguntando a los más grandes sabios. Tenemos todo un año para averiguarla, así que no hay nada que temer.

Merlín dio varias respuestas posibles, pero admitió que no estaba seguro de que alguna de ellas fuera la correcta. De modo que los caballeros de la Mesa Redonda salieron en todas direcciones para interrogar a los más grandes magos, sabios y **eruditos** del reino.

Naturalmente, el propio Arturo también fue en busca de la respuesta y, al cabo de varios meses de viaje y de muchas entrevistas con ilustres personajes, al cruzar un sombrío bosque se encontró con una bruja. Era la mujer más horrible que el rey había visto jamás, y tentado estuvo de huir al galope de su desagradable presencia, pero su caballerosidad lo retuvo y la saludó cortésmente.

–¿Qué haces tan lejos de tu reino, rey Arturo? –preguntó la bruja con su desapacible voz, parecida al graznido del cuervo.

Arturo le contó su encuentro con el misterioso caballero y la condición que le había impuesto para perdonarle la vida. La bruja le dijo con una risita:

–Yo sé la respuesta correcta.

–¿Ah, sí? ¿Y serías tan amable de decírmela? –le rogó el rey.

–Claro que sí; pero una respuesta capaz de salvarte la vida vale mucho.

–Desde luego –admitió Arturo–. Si realmente es la correcta, te recompensaré con la mayor generosidad. Pídeme lo que quieras.

–De acuerdo. Si mi respuesta te salva la vida, te casarás conmigo.

---

eruditos: personas que tienen amplios conocimientos sobre una o varias materias.

Esto sucedió antes de que Arturo **hubiera desposado** a Ginebra, por lo que aún estaba soltero; pero la idea de casarse con aquella horrible mujer le pareció más espantosa que la propia muerte.

–Estoy prometido –dijo con voz apesadumbrada.

–Si mueres, no podrás casarte con nadie. De modo que si yo te salvo la vida, tengo derecho a hacerte mi esposo. ¿Acaso un caballero, cuando salva a una dama, no tiene derecho a pedir su mano?

–Tienes razón –reconoció Arturo, que tenía un gran sentido del deber y de la justicia–. Si tu respuesta me salva la vida, me casaré contigo.

–Lo que realmente desean las mujeres –dijo entonces la bruja– es decidir.

–¿Decidir? –repitió el rey sin acabar de entender.

–Sí, tomar sus propias decisiones, decidir su destino, sin estar supeditadas a un padre o un marido. Eso es, sencillamente, lo que más desean las mujeres.

–¿Y por qué no lo dicen? –preguntó Arturo, desconcertado.

–Porque los hombres no las dejáis hablar. Y si consiguen hablar, no les prestáis la debida atención. Y si os piden que las escuchéis, os reís de ellas. Y si se niegan a someterse a vuestra autoridad, lo pagan caro, como me ocurrió a mí.

–¿Cuál es tu historia? –quiso saber el rey.

–No te importa –contestó ella secamente–. Ya has obtenido la respuesta que deseabas. Vete, y cuando **expire** el plazo que te dio el caballero misterioso vuelve a buscarme para casarte conmigo.

De regreso en **Camelot**, Arturo contó a sus caballeros su extraño encuentro con la bruja y la promesa que le había hecho a cambio de su respuesta.

–No te preocupes –le dijo Gauvain–. Entre todos hemos reunido muchas respuestas, y seguro que alguna satisface al caballero del bosque. No tendrás necesidad de utilizar la que te dio la bruja y, por tanto, no tendrás que desposarla.

---

hubiera desposado: se hubiera casado con ella.
expire: termine un periodo de tiempo.
Camelot: ciudad legendaria, capital del reino del rey Arturo.

Al cumplirse el año, Arturo, tal como había prometido, fue en busca del misterioso caballero, y lo halló en el mismo claro del bosque donde lo viera por primera vez. Llevaba puesta la armadura, con la visera calada, y **blandía** su temible **mandoble**.

–¿Has encontrado la respuesta? –preguntó con voz de trueno.

–He encontrado muchas –contestó el rey.

–Puedes decir cuantas quieras. Pero si ninguna es la correcta, ya sabes lo que te espera.

–Lo que desean las mujeres es tener hijos sanos y buenos –dijo Arturo.

–Muchas lo desean, es cierto; pero no es eso lo que más desean –replicó el caballero.

–Lo que desean las mujeres es un marido apuesto y generoso.

Y así, una tras otra, fue dando Arturo todas las respuestas que él y sus caballeros habían oído de labios de los más famosos magos, sabios y eruditos del reino; pero ninguna era la correcta.

–Mi paciencia se agota –dijo el misterioso caballero alzando su espada–. Tienes una oportunidad más; si no aciertas, será lo último que digas.

Entonces, desesperado, el rey dio la respuesta que había obtenido de la horrible bruja del bosque:

–Lo que más desean las mujeres es decidir por sí mismas, sin estar supeditadas a la voluntad de los varones.

–Ésa es la respuesta correcta –dijo el caballero bajando la espada–. Puedes irte.

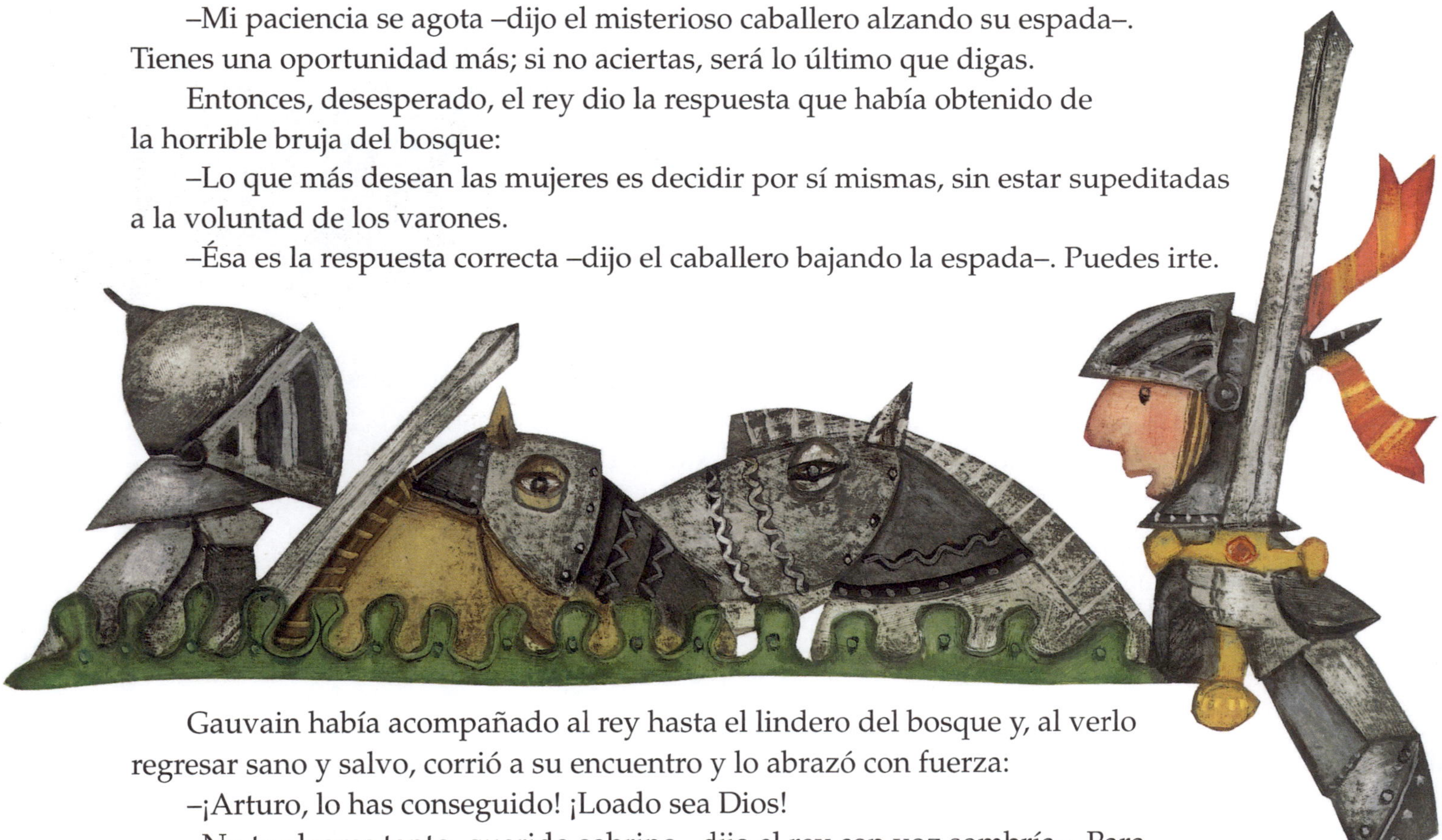

Gauvain había acompañado al rey hasta el lindero del bosque y, al verlo regresar sano y salvo, corrió a su encuentro y lo abrazó con fuerza:

–¡Arturo, lo has conseguido! ¡Loado sea Dios!

–No te alegres tanto, querido sobrino –dijo el rey con voz sombría–. Para salvarme he tenido que dar la respuesta que me dio la bruja, y ahora tendré que casarme con ella. Con lo cual le destrozaré el corazón a Ginebra y…

blandía: movía de forma amenazadora un arma.
mandoble: espada grande.

–Es cierto –convino Gauvain afligido–. No puedes casarte con esa bruja, ni como hombre ni como rey.

–Pero he dado mi palabra –replicó Arturo– y no puedo faltar a ella, ni como hombre ni como rey.

–Hay una solución –dijo Gauvain–. Yo me casaré con ella en tu lugar; no estoy comprometido con mujer alguna ni pesa sobre mí la responsabilidad de la corona, y soy más joven que tú, por lo que la bruja seguramente aceptará el cambio.

–Querido sobrino –dijo Arturo abrazándolo conmovido–, no tengo palabras para expresarte mi gratitud, pero de ninguna manera puedo aceptar tu sacrificio.

–Si sólo estuviera en juego tu felicidad, podrías no aceptarlo; pero por Ginebra y por la corona, no puedes rechazar mi ofrecimiento –replicó Gauvain.

Tras un largo silencio, Arturo, con lágrimas en los ojos, dijo:

–Tienes razón, sobrino. Mis súbditos nunca aceptarían por reina a esa horrible bruja, y nuestros enemigos aprovecharían ese malestar para destruir lo que tanto nos ha costado construir… Lo que nunca podría aceptar como hombre, no tengo más remedio que aceptarlo como rey.

De modo que Arturo y Gauvain fueron a ver a la bruja y le propusieron el cambio, que ella aceptó encantada.

–Pues claro que sí –dijo con su voz estridente–. Gauvain es más joven y apuesto, así que salgo ganando…

La boda de Gauvain y la bruja se celebró en secreto, con Arturo y su prometida Ginebra como testigos y únicos invitados.

Y cuando, por la noche, Gauvain y su esposa se retiraron a sus aposentos, ocurrió algo extraordinario: ante los atónitos ojos del caballero, la horrible bruja se convirtió en una hermosísima joven, que le dijo:

–Por no someterme a la autoridad de los hombres, un malvado mago me dio ese desagradable aspecto. Pero tú, al casarte conmigo, has roto la mitad del maleficio.

–¿La mitad? –fue lo único que Gauvain acertó a decir.

–La mitad, sí. Desde ahora, sólo seré horrorosa la mitad del tiempo, de día o de noche, a tu elección. Puedes elegir entre tener durante el día una mujer hermosa y por la noche una compañera de alcoba horrible, o tener durante el día una mujer horrible y por la noche una hermosa compañera de alcoba. ¿Qué prefieres?

–Lo que tú elijas, puesto que se trata de tu vida –contestó Gauvain.

–Ésa es la respuesta correcta –dijo ella con la más encantadora de las sonrisas–, y al darla has roto del todo el maleficio, por lo que nunca más, ni de día ni de noche, volveré a ser la horrible bruja a la que tuviste el valor y la generosidad de aceptar como esposa.

CARLO FRABETTI

REGISTRO DE LECTURA

1. ¿Cómo iba vestido Arturo durante su combate con el caballero? Razona tu respuesta.

▶ Ahora contesta.

- ¿Por qué no llevaba armadura el rey Arturo cuando se produjo el combate?
- ¿Por qué le perdonó la vida el misterioso caballero?
- ¿Cuándo quedaron en volver a verse Arturo y el caballero? ¿Dónde?
- ¿A qué pregunta debía dar respuesta Arturo?

2. ¿Qué es los que más desean las mujeres? Marca la respuesta.

- ☐ Lo que más desean las mujeres es tener hijos sanos y buenos.
- ☐ Lo que más desean las mujeres es un marido apuesto y generoso.
- ☐ Lo que más desean las mujeres es decidir por sí mismas.

▶ Contesta.

- ¿Quién le dio la respuesta correcta a Arturo?
- ¿Qué le pidió a cambio?

3. Lee y contesta.

- ¿Quién es esta joven?
- ¿A quién le está hablando?
- ¿Qué acaba de ocurrir?
- ¿Qué maleficio había sufrido?
- ¿Cómo se rompió la otra mitad del maleficio? Explica.

Cristina

La aparición de Cristina en el convento causó un tremendo impacto, incluso podría decirse que ocasionó una auténtica revolución.

Los primeros días fueron de **desconcierto**. Los monjes no estaban acostumbrados a vivir con alguien que no fuese religioso como ellos y que no vistiese un hábito igual que el suyo.

Pero esta situación duró poco. Enseguida se crearon dos grupos, dos bandos radicalmente opuestos. Por un lado estaban los partidarios del nuevo huésped, que admiraban su prudencia, su tranquilidad, su saber estar y, sobre todo, esos ojos oscuros tan fascinantes que iluminaban el convento con un brillo cristalino y deslumbrante. Y por otro lado estaban los oponentes, que, capitaneados por fray Anselmo, el responsable de la educación de los novicios, de los monjes más jóvenes, arremetían contra la presencia de Cristina en el recinto religioso. Según ellos, era intolerable que esa criatura pudiese pasear tranquilamente por todas las dependencias del convento, incluido el **claustro**. «¡Y encima, **contoneándose**!», había dicho fray Justo, escrupuloso guardián de las reglas de la orden.

Las posturas se habían radicalizado hasta tal punto que fray Julián, el cocinero, uno de los más firmes defensores de Cristina, había sido acusado por el grupo adversario de «incumplimiento de sus responsabilidades culinarias».

Fray Anselmo y los suyos habían encontrado saladísima la sopa de verduras de la cena. En cambio, los monjes favorables a Cristina alabaron aquel plato como si fuese el manjar más exquisito que habían degustado en toda su vida. Ambas posiciones eran evidentemente irreconciliables.

---

desconcierto: confusión, extrañeza.
claustro: galería que rodea el patio interior de un convento, una iglesia…
contoneándose: haciendo movimientos exagerados al andar.

No obstante, el abad, como responsable del convento, intentaba mantener una postura neutral. Aunque le costaba mucho conservar esta posición, ya que él mismo consideraba la presencia de Cristina como un elemento perturbador de la paz y la armonía que en todo momento debían reinar en sus dominios.

Su situación era incómoda porque, a pesar de que quería deshacerse de Cristina lo antes posible, se veía atrapado por las palabras que el padre provincial de la orden, su superior, había pronunciado cuando se la encomendó: «Es una criatura de Dios que merece nuestro cuidado y atención. Si la he traído aquí, es porque **presumo** que se hallará en buenas y **pías** manos. Confío, padre abad, que sabréis cuidar de ella con el amor y el fervor que os caracterizan».

Pero la situación se había ido complicando y el abad tenía la impresión de que se le empezaba a escapar de las manos. Cristina era un factor cada vez más desestabilizador del buen orden del convento. Ahora, sus defensores, que proclamaban que Cristina era como una bocanada de aire fresco que los ayudaba a realizar con más alegría sus tareas cotidianas, siempre se sentaban en los bancos de la izquierda de la iglesia.

Por su parte, sus opositores se quejaban de la desvergüenza de ese ser **abominable**, que se paseaba luciendo su cuerpo sin pudor, que se introducía en las celdas de los monjes sin avisar y **deambulaba** a su antojo por todas las dependencias del convento. Éstos, tanto en la iglesia como en la biblioteca o en el comedor, ocupaban los bancos de la derecha exclusivamente.

Fray Osvaldo, el barbero, empezaba a sufrir preocupantes ataques de nerviosismo cuando afeitaba o cortaba el pelo a alguno de los monjes del grupo que estaba a favor de Cristina. Éstos se quejaban continuamente de que «los otros» no sufrían cortes al ser afeitados ni tampoco padecían los enormes trasquilones que ellos lucían.

Incluso fray Benito, el bibliotecario, llegó a presentar una protesta ante el abad porque el barbero le había hecho un corte en una oreja, algo que hasta entonces nunca había sucedido, justo en el momento en que él hablaba de las bondades de Cristina.

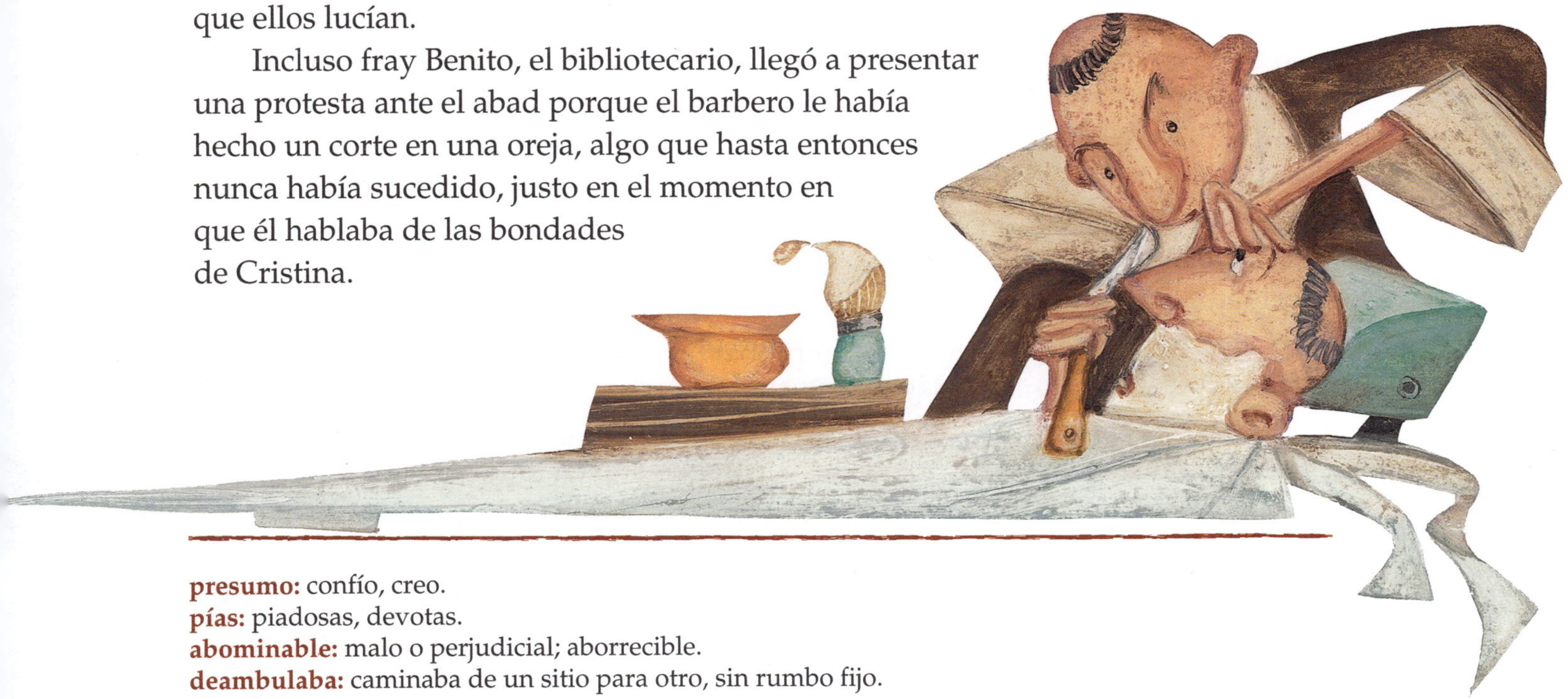

presumo: confío, creo.
pías: piadosas, devotas.
abominable: malo o perjudicial; aborrecible.
deambulaba: caminaba de un sitio para otro, sin rumbo fijo.

El conflicto estalló definitivamente una mañana de junio, cuando dos novicios, **incitados** por fray Anselmo, fueron descubiertos por fray Julián, el cocinero, intentando arrebatar a Cristina una manzana que ésta se estaba comiendo tranquilamente junto al pozo del patio. Aquello provocó el monumental enfado de fray Julián, que **recriminó** a los jóvenes con aspereza.

Atraídos por las voces del cocinero, acudieron fray Anselmo y, poco después, el resto de los monjes. En unos minutos, el patio se llenó de hábitos que protestaban. Las palabras fueron subiendo de tono con gran rapidez y ya se había producido hasta algún empujón cuando se oyó la autoritaria voz del abad:

–¡Por favor, hermanos! ¡Calma, calma, por favor!

Pero la excitación había anulado el entendimiento, y los monjes, ajenos a las órdenes de su superior, seguían discutiendo con acaloramiento y pasión.

Fue entonces cuando el abad se remangó los faldones y se subió al **brocal** del pozo. Desde allí, visiblemente irritado, empezó a gritar con todas sus fuerzas:

–¡Silencio! Cállense todos ahora mismo. ¡Silencio!

El griterío fue decreciendo poco a poco, y los últimos murmullos dieron paso a un absoluto silencio.

En ese momento, los novicios y los monjes observaron la imponente figura del abad. Su voz sonaba como un trueno mientras los reprendía y les lanzaba severas amenazas si volvía a repetirse una situación como la que se acababa de producir. Luego, ya un poco más calmado, castigó a la comunidad a tres noches sin cenar y ordenó a los monjes que volvieran a sus obligaciones. Finalmente ordenó a uno de los novicios que llevase a Cristina al comedor.

Tras esperar unos segundos y comprobar que todos habían vuelto a sus ocupaciones, el abad se encerró en su **celda** y escribió una carta urgente al padre provincial de la orden en la que le explicaba la complicada y tensa situación que estaba provocando la presencia de Cristina entre los miembros de la comunidad.

---

incitados: animados, convencidos.
recriminó: censuró, echó en cara lo que estaban haciendo.
brocal: muro que rodea un pozo.
celda: cuarto o aposento pequeño de los conventos.

A la semana siguiente, el padre provincial apareció en el convento. Con rostro visiblemente disgustado, reunió a la **congregación** en la biblioteca y se dirigió a ellos en tono duro y cortante:

–Hermanos, estoy profundamente decepcionado por los hechos que han sucedido los últimos días en este convento, tan querido para mí. Padre abad, creía que gobernabais vuestra congregación con mano serena, pero parece que las circunstancias os han superado. Mi encargo era sencillo: cuidar de Cristina, un ser desvalido que sólo necesita protección y cariño, durante una corta temporada. Pero ya veo que la caridad y la fraternidad más elemental no son normas de conducta dominantes en este recinto.

Tomó aire con lentitud, posó sus ojos en todos y cada uno de los monjes y novicios, y después prosiguió:

–En cuanto a vosotros, hermanos, no puedo sentirme más avergonzado por la actitud de que habéis hecho gala. Según venía hacia aquí, mi pensamiento era castigaros de manera ejemplar, como bien merecéis. Me había dejado dominar por la ira que habita en mi alma. Pero he reflexionado y he llegado a la conclusión de que el mejor castigo será vuestro propio remordimiento, aunque no quedaréis sin penitencia, por supuesto.

Hizo una breve pausa y luego continuó:

–Si ahora yo me llevara a Cristina, algunos de vosotros pensaríais que habíais ganado la batalla. Pero si por el contrario se quedara, los otros creeríais haber vencido. Así que os voy a pedir que los partidarios de que Cristina se quede en el convento os pongáis en pie. ¡Y no intentéis engañarme! Sé de sobra en qué bando os encontráis cada uno.

congregación: comunidad de religiosos.

Un leve rumor de hábitos indicó que los monjes partidarios de Cristina se levantaban con desgana. El padre provincial no pudo disimular una sonrisa de benevolencia. Todos los que se habían levantado se encontraban en los bancos situados a la izquierda. Mientras que todos los que ocupaban los bancos de la derecha permanecían sentados.

Ante él, sesenta hombres esperaban impacientes sus palabras. «Son como niños», pensó, y después volvió a retomar su discurso:

–Vosotros, los que os habéis puesto en pie, pasaréis los próximos tres meses en el ala oeste del convento, con la prohibición expresa de acercaros a Cristina. Y los demás, los que estáis en contra de la presencia de esta pobre criatura en el convento, deberéis cuidar de ella con mimo y dedicación. Ambos grupos sólo compartiréis los oficios religiosos y las comidas, que discurrirán en el más absoluto silencio. ¿Entendido? Transcurrido ese plazo volveré y me llevaré a Cristina. Y por esta vez no daré cuenta de estos incidentes al padre general de la orden. Pero si vuelve a producirse algún otro altercado en los próximos tres meses, os impondré un duro castigo. ¿Entendido?

Monjes y novicios se sintieron profundamente avergonzados, bajaron la cabeza y desfilaron con gesto apesadumbrado hasta sus celdas.

El padre provincial tenía prisa. Además, aquella cuestión lo incomodaba y quería marcharse lo antes posible. Entonces se dirigió al abad para despedirse:

–Espero, padre abad, que esto sirva de lección para todos. Cuando regrese a recoger a Cristina, no me gustaría enterarme de que han surgido nuevos problemas. Confiaré, una vez más, en vuestro recto proceder.

Mientras se dirigía hacia la salida, el padre provincial murmuraba para sí. Se preguntaba cómo era posible que sesenta hombres, inteligentes, piadosos y pacíficos, hubiesen llegado a enemistarse y hasta a poner en peligro el buen funcionamiento del convento por Cristina, una simple tortuga.

RAFAEL ORDÓÑEZ C.

REGISTRO DE LECTURA

1. Contesta.

- ¿Quién había llevado a Cristina al convento?
- ¿Qué dos bandos se crearon a raíz de la llegada de Cristina?
- ¿Qué decían y qué hacían los defensores de Cristina?
- ¿Qué decían y qué hacían los oponentes a Cristina?

2. ¿De qué fue acusado cada uno? Explica.

3. Observa y contesta.

- ¿Qué había ocurrido antes?
- ¿Qué ocurrió después?

4. ¿Quién pensabas que era Cristina? ¿Quién era en realidad? Escribe. Da ejemplos que aparezcan en el cuento para apoyar tus afirmaciones.

5. Expresa tu opinión.

- ¿Te ha gustado el cuento?
- ¿Qué es lo que más te ha gustado?
- ¿Qué cambiarías de él?

El saltamontes artista

En un huerto muy frondoso
vivía un saltamontes gris
que quería ser famoso
desde Tokio hasta París.

Se decía: «¿Qué he de hacer
para llamar la atención?
¿Qué espectáculo idearé
que entretenga a la afición?

Generalmente, los bichos
saben comer y dormir.
Lo que no saben hacer
es cantar y divertir.

Me convertiré en artista,
me haré un chaqué y un sombrero.
Seré el dueño de la pista
en el circo, yo el primero.

Mis chistes harán reír
a todo insecto viviente.
Con mi voz haré sentir
emociones a la gente.

Saldré en todas las revistas,
en todos los reportajes,
del brazo de otros artistas
y famosos personajes.

Me llamarán el **visir**,
por mi voz y mi potencia.
Mi humor hará sonreír
a toda clase de audiencia.

Visitaré mil ciudades,
mil países y escenarios.
Trataré a sus majestades,
seré un bicho extraordinario».

Y mientras esto soñaba,
su amiga la mariposa
desde lejos lo observaba
y le dijo algo **jocosa**:

–¡Despierta ya, saltamontes!
No quieras ir tan ligero.
Está lejos tu horizonte.
No eres galán ni torero.

¿Te has escuchado cantar?
¡Si no sabes ningún chiste!
Tendrás antes que ensayar
y olvidar tu cara triste.

La fama te llegará
si realmente lo mereces.
Y si no, descubrirás
que el esfuerzo te engrandece.

Entonces, el saltamontes
humildemente entendió
que, antes que hacerse famoso,
ser prudente es lo mejor.

LOURDES GARCÍA G.

visir: ministro de los soberanos musulmanes.
jocosa: graciosa, divertida.

Mariposa de abril

Guiño de luz del día,
risa de primavera
que vuela **adondequiera**,
derramando alegría.

Puñado de colores
que baila con **donaire**,
alborotando el aire
y enredando a las flores.

Mariposa de abril,
trozo de sueño alado,
con su vuelo ha trenzado
tiras de cielo añil.

CARMEN GIL

TALLER

1. Escribe los versos de *Mariposa de abril* que corresponden a cada uno de estos dibujos.

2. Escribe una metáfora bonita sobre una mariposa.

adondequiera: a cualquier parte.
donaire: agilidad, gracia y soltura.

2 Sola

A Julia siempre le habían molestado las chicas miedicas, esas que se asustan por todo, dan gritos y hacen **aspavientos** ante la menor señal de peligro.

A ella le gustaban las películas de miedo. Eran su debilidad. Cuanto más **suspense**, mejor; y cuanto más terribles fueran las imágenes, mejor aún. La verdad es que a veces pasaba realmente mucho miedo. Sobre todo en los momentos de máxima tensión, que solían coincidir con el **desenlace** de la historia.

Aquella noche, los padres de Julia habían ido a cenar a casa de unos amigos que vivían en el mismo barrio, a dos **manzanas** de distancia. Al principio insistieron para que los acompañara, pero ella puso un montón de excusas porque prefería quedarse sola. Al final acabaron marchándose, no sin antes hacerle toda clase de recomendaciones. Pensaban volver pronto, le dijeron. En cualquier caso, si surgía algún problema, podía llamarlos al número de teléfono que le dejaban anotado.

Era el primer día que se quedaba sola en casa por la noche. Para Julia aquello constituía un verdadero acontecimiento. Por fin, sus padres empezaban a tratarla como a una chica mayor, que es como ella se sentía.

Nada más irse sus padres, vio una película de miedo, de auténtico miedo, que le había encantado.

---

aspavientos: gestos exagerados para mostrar terror o asombro.
suspense: emoción o ansiedad del espectador ante el peligro que corre un personaje.
desenlace: final de la acción de una película, de una novela…
manzanas: grupos de casas o edificios cuyo conjunto está limitado por calles.

Le había producido una gran impresión una escena de la película en la que la protagonista huye por el campo perseguida por un hombre. La joven encuentra un viejo almacén y entra en él con la esperanza de **burlar** a su perseguidor. No hay nadie. Por la única ventana, muy pequeña, apenas entra un rayito de luz. La chica echa un vistazo a su alrededor y ve numerosas cajas de madera alineadas sobre estanterías. Vuelve a mirarlas y un escalofrío recorre su cuerpo, porque descubre que las cajas son… ataúdes.

«Bueno, no pasa nada», se dice a sí misma la chica de la película para darse ánimos. «Estoy en un almacén de ataúdes... vacíos, claro.» Entonces contempla horrorizada que las tapas de los ataúdes se levantan y...

Cuando terminó la película, Julia cenó y recogió la cocina. A continuación metió un par de botellas vacías en una bolsa de plástico y las apoyó junto a la puerta, para llevarlas al día siguiente al contenedor de vidrio.

Después, como no tenía sueño, se quedó leyendo en la cocina. Tenía interés por terminarse un libro. El reloj marcaba las once y cuarto de la noche. Si fuera un día normal, ya estaría durmiendo. Pero era viernes, y al día siguiente no había que madrugar. El silencio era absoluto, interrumpido a veces por alguna sirena que sonaba a lo lejos. Aunque, para ser exactos, había también otro ruido, muy leve, eso sí, que Julia sentía de vez en cuando.

Al principio no le dio importancia; pero a medida que pasaban los minutos y el ruido continuaba, comenzó a inquietarse. No era un ruido constante, pero sí muy extraño. Unas veces le parecía oírlo con bastante claridad. No tenía ninguna duda. Otras, en cambio, cuando se concentraba para prestar la máxima atención, no oía nada.

burlar: librarse, esquivar, escapar.

Julia pensó que era... No. Aquella idea resultaba absurda. Pero a pesar de todo... Es que era... ¡Era como si alguien situado a su espalda estuviera hurgando entre papeles, o más bien entre bolsas que crujían...!

Por dos veces estuvo tentada de levantarse de la silla y mirar hacia atrás. Quería comprobar de dónde procedía aquel misterioso ruido que le estaba destrozando los nervios. Pero el miedo la tenía paralizada. Se sentía incapaz de mover un solo músculo. ¿Y si alguien se hubiera colado en la casa por una ventana? Entonces, miles de imágenes de las películas de terror que tanto le gustaban se agolparon en su mente.

El teléfono de la cocina estaba justamente detrás de ella. Sólo tenía que girarse un poco en la silla... Pero si había alguien... Si ese alguien estaba vigilando sus movimientos, no le iba a permitir llegar hasta el teléfono para llamar a la policía. ¡Era angustioso!

De repente, un ruido fuerte la hizo volverse como movida por un resorte. Con las mandíbulas apretadas y los músculos en tensión contempló, con los ojos **desmesuradamente** abiertos, la bolsa de plástico con las botellas. ¡No estaban como ella las había dejado! Habían ido resbalando sobre la puerta, lentamente, hasta chocar contra el suelo.

Su imaginación y quizá la película que había visto le habían jugado una mala pasada. Bebió un poco de agua para tranquilizarse y decidió que era la hora de irse a la cama.

En aquel momento oyó la puerta. Sus padres estaban de vuelta. Julia se alegró.

ENRIQUE RONCERO

---

desmesuradamente: exageradamente.

REGISTRO DE LECTURA

1. Copia sólo lo que sea verdadero.

☐ A Julia le gustaban las películas de miedo.
☐ Julia era una chica miedica.
☐ Julia solía quedarse sola en casa.
☐ Julia se quedó sola en casa por primera vez.
☐ Julia llamó por teléfono a la policía.
☐ Julia llamó a sus padres para que volvieran a casa.

2. Contesta.

- ¿Por qué se quedó Julia sola en casa por la noche?
- ¿Qué hizo Julia nada más irse sus padres?
- ¿Qué hizo Julia después?

3. ¿Qué película vio Julia? Marca la secuencia correcta.

☐ 

☐ 

4. ¿Qué pasó después? Explica.

5. Cuenta alguna ocasión en la que hayas pasado mucho miedo.

Los vaqueros vaqueros

Eran los vaqueros duros de un duro vaquero. Luke McKay los había comprado en el almacén de un pueblo pequeño, barrido por el viento y abrasado por el sol del verano **californiano**. Pero no estaban destinados a quedarse allí, por aquellas tierras. Su destino sería otro, más viajero y más complicado.

Su vida se inició al salir del bazar, de un estante que olía al cuero de las monturas, mezclado con la menta de los caramelos redondos y verdes que abultaban las mejillas de niños de piel pecosa. Eran oscuros, de un color azul profundo, como la noche de la pradera cuando el coyote aúlla a la luna. Estaban confeccionados con una loneta rígida y los bolsillos aparecían reforzados con remaches de cobre. Eran como los primeros vaqueros que se fabricaron, allá a finales del siglo XIX, sin ninguna de las novedades que se han ido incorporando después en este tipo de prendas.

Los vaqueros no sabían el rumbo que tomaría su vida aquella mañana en que Luke McKay los compró, sin ni siquiera probárselos, porque eran de la talla y de la marca que él siempre había llevado. Luke no había engordado nada con el paso de los años. Seguía tan **enjuto** como siempre y su piel estaba bien curtida por la vida al aire libre. Sólo sus ojos, azules como el cielo, iluminaban su oscuro rostro.

Los vaqueros de Luke tenían que ser duros, fuertes, para trabajar en el campo, resistentes al tiempo y a la naturaleza. Luke McKay competía en los **rodeos** montando caballos salvajes. En ese trabajo, los pantalones son tan importantes como las espuelas, las botas, el lazo o la montura. Tienen que ser recios, para proteger las piernas de toda clase de rozaduras, estar a prueba de tirones y resistir arrastres por la tierra o enganches de todo tipo.

---

californiano: natural de California, estado del suroeste de Estados Unidos.
enjuto: seco, de pocas carnes, delgado.
rodeos: espectáculos de algunos países americanos que consisten en montar caballos salvajes o toros.

Durante tres años, lo cual es mucho tiempo para unos pantalones de trabajo, los vaqueros se convirtieron en la segunda piel de las piernas de Luke y las protegieron en su vida ruda, llena de emoción y de riesgo.

A los vaqueros les encantaba su trabajo, pero poco a poco, con los sucesivos lavados, su color azul noche se convirtió en un azul grisáceo y la tiesa loneta se fue haciendo más fina y se suavizó, como se suavizan las mejillas de las abuelas con los años. Un día, cuando Luke estaba subiendo a su camioneta, oyó… ¡ras! Y una rodilla de los vaqueros se rasgó de lado a lado. Aquello iba a ser el final de su vida como vaqueros. De vaqueros vaqueros, se entiende.

Los vaqueros pensaron que su suerte sería la misma que la de tantos amigos y parientes, que quedaron convertidos en trapos de limpieza. Más de uno de sus conocidos habían terminado sus días en un garaje, manchados de grasa. Y ellos, que tantos trofeos habían ganado, que habían vivido siempre al aire libre, recorriendo praderas ondulantes y el seco desierto americano, no querían terminar sus días en un garaje, sucios. Pero se temían que aquél sería su destino, el destino más frecuente de todos los pantalones viejos: acabar como un simple trapo.

Pero en su vida se cruzó una chica con **rastas**, falda larga y botas. Una joven llena de imaginación y con gran habilidad con la máquina de coser, que recorría las tiendas de ropa de segunda mano buscando prendas baratas para sus imaginativas creaciones. Esa chica se llamaba Patricia.

–¡Mira qué vaqueros, Juan! –le dijo Patricia a su novio en una tienda de **El Rastro**.

–Son americanos auténticos –le aclaró el vendedor–. Ayer llegó un cargamento de vaqueros procedente de California. Están a muy buen precio.

Patricia miró los pantalones con detenimiento. Los giró, los tocó y comprobó que la tela era fuerte todavía. Vio la rasgadura de la rodilla y pensó que les podría poner un parche para seguir usándolos porque rotos a ella no le gustaban, aunque había mucha gente que los llevaba así.

Los vaqueros soportaron los tirones y los movimientos con paciencia. Comparados con los golpes que habían sufrido cuando eran unos vaqueros vaqueros, las manos de Patricia parecían dedicarles mimos, caricias… Aquella piel suave, de olor fresco, nada tenía que ver con las manos ásperas y llenas de callos de Luke McKay.

Un rato después, los dos jóvenes salieron de la tienda. Patricia, al final, se había decidido y había comprado los vaqueros. Juan se llevó un abrigo de cuero negro. Juntos cogieron el metro y fueron a comer a casa de Patricia.

–Llegáis justo a tiempo. Sentaos a la mesa, el arroz está listo. ¿Qué te has comprado, nena? –preguntó la abuela de Patricia al ver la bolsa que traía su nieta.

–Unos vaqueros. Ya veremos lo que hago con ellos.

La abuela y Juan se miraron y sonrieron con **complicidad**. Estaban acostumbrados a que Patricia se inventase prendas originalísimas con cuatro retales.

---

rastas: trencitas hechas en todo el pelo según el estilo de los rastafaris de Jamaica.
El Rastro: famoso mercadillo de compraventa situado en el centro de Madrid.
complicidad: entendimiento secreto.

Después de comer, Juan se marchó y la abuela se sentó en el sofá a ver una película. Entonces, Patricia se encerró en su habitación y, ruum... ruum..., empezó a sonar la máquina de coser.

Al rato, cuando a la abuela se le empezaban a cerrar los párpados, la chica apareció en el salón.

–¡Uf! Me estaba quedando **traspuesta** –dijo al ver a su nieta ante ella.

–Abuela, ¿dónde está la tela roja con flores azules que te sobró de la blusa que te hiciste?

–Mira en la caja de retales que hay en mi armario.

La mujer estuvo unos minutos mirando la televisión y al poco tiempo volvió a dar cabezadas mientras se oía de fondo el runrún de la máquina de coser.

–¿Abuela?

–¡Qué susto me has dado, niña! –exclamó sobresaltada al ver a su nieta otra vez allí.

–Perdona. ¿Tenemos cremalleras?

–Sí, en el costurero –contestó la señora con **retintín**.

–Gracias, abuela. ¿Y dónde está el costurero?

–Donde siempre, en el estante de mi cuarto. Pero digo yo: ¿no se puede ver una película tranquila en esta casa? –preguntó malhumorada por las constantes interrupciones de su siesta.

Y Patricia se escabulló porque sabía que su abuela tenía razón, no la estaba dejando dormir en paz.

---

traspuesta: adormilada.
retintín: tono irónico.

Un rato después, Patricia se presentó otra vez en el salón.

–¡Mira qué bonito!

La mujer se llevó otro susto y, mientras se colocaba las gafas e intentaba despejarse un poco, preguntó:

–¿Qué es eso?

–Es un bolso. Un bolso para llevar los libros. ¿Ves?

Patricia se puso el bolso en el hombro derecho para mostrárselo a la abuela. Lo había fabricado con la parte de arriba del pantalón vaquero. Había cortado la parte de las piernas y la había cosido. En la cintura había puesto una larga cremallera azul y, en las **presillas**, había colocado una tira de tela roja con florecillas azules. Un viejo cinturón de piel, sujeto por los extremos, servía para llevarlo colgado al hombro. Los dos bolsillos traseros aparecían cerrados con unas pequeñas cremalleras rojas.

–¿Has usado los vaqueros que compraste para hacerlo? Es… muy ingenioso –titubeó la abuela.

–Creo que no te gusta mucho…

–Sí que me gusta… Yo no lo llevaría, claro… Pero si te gusta a ti…

Patricia sonrió a su abuela y fue a mirarse en el espejo del pasillo. Observó su nuevo bolso, que le llegaba hasta la cadera, y le pareció que había quedado precioso.

Los vaqueros habían sufrido la transformación sin rechistar. Pensaban que con tantas costuras y cremalleras no se convertirían finalmente en trapos, su mayor temor. Al verse en el espejo les gustó mucho su nueva imagen. Aunque esa tela con florecillas… ¡Florecillas! ¡Unos vaqueros, hechos y derechos, con esa tira de flores! ¡Ellos, que habían montado los caballos más salvajes! Podría haber sido una tela de rayas o de cuadros, pero aquella telita… El bolso se iba indignando cada vez más.

Por su parte, la tira estampada tampoco miraba con buenos ojos a aquel tejido basto al que estaba sujeta. Con lo delicada y ligera que era, con lo suave que era su **textura**… ¡Ponerla allí, sobre esa lona tan gruesa y desagradable!

presillas: tiritas de tela que se ponen en las prendas de ropa para sujetar el cinturón.
textura: forma en la que están entrelazados los hilos de un tejido.

Patricia seguía ante el espejo, mirándose, mientras hacía leves movimientos. De pronto, la chica quitó la tira estampada y observó el bolso con detenimiento. Le gustaba también sin la banda, pero con ese toque de color el bolso le parecía más alegre, más especial.

El bolso lanzó un suspiro. Aquella tira ridícula, por suerte, era de quita y pon. Pero su alivio duró poco porque Patricia volvió a colocar la tira bajo las presillas. El bolso y la banda se quedaron en un incómodo silencio.

Al rato, Patricia llenó el bolso con libros y apuntes y se despidió:

–Me voy a clase, abuela. Acuérdate de que no vendré a cenar.

–¡Vale! Adiós, cariño.

Patricia tomó el metro, se sentó y se puso a leer. Empezaron a molestarle las rastas que le caían sobre los ojos; así que cogió la tira estampada del bolso y se la ató a la cabeza para sujetarse el pelo. Cuando se bajó del tren y comenzó a andar, una brisa cálida le acarició las mejillas. Por el camino, la banda que se había puesto en la cabeza empezó a darle calor y se la quitó. Era una tarde hermosa, de ésas en que todos los alumnos deberían dar las clases en el césped del campus universitario. Patricia continuó andando con la cinta en la mano cuando, de repente, un hombre malencarado le cortó el paso y le dijo en tono amenazador:

–¡El bolso! ¡Dame el bolso ahora mismo!

Patricia no reaccionaba y el hombre se lo arrebató de un tirón. En el forcejeo, la banda estampada se desprendió de los dedos de la muchacha y la brisa se la llevó por los aires.

El bolso se quedó paralizado ante aquella tensa situación. A pesar de que su vida había sido tan arriesgada, nunca había vivido algo así.

El hombre echó a correr y Patricia empezó a gritar:

–¡Al ladrón, al ladrón, que se lleva mi bolso!

La brisa se hizo más fuerte entonces y la tira estampada, arrastrada por una ráfaga de aire, se enredó entre las piernas del hombre y, ¡zas!, dio con él en el suelo.

Varios chicos, alertados por los gritos de Patricia, se acercaron corriendo y detuvieron sin problemas al hombre que yacía en la acera. Patricia pudo recuperar su bolso y, después de dar las gracias a aquellos jóvenes, se marchó a clase muy nerviosa por la tensa situación que había vivido.

Al anochecer, Patricia cogió el metro con su bolso colgado del hombro. La tira roja de florecillas azules estaba nuevamente en su sitio, entre las presillas. El bolso vaquero y la tira se abrazaron en silencio. Cuando se ha vivido y se ha compartido una experiencia como aquélla, sobran las palabras. Había bastado el sincero agradecimiento que el bolso había dedicado a su colorida compañera cuando Patricia los unió nuevamente.

MARY SOLARI

REGISTRO DE LECTURA

1. ¿Quién era Luke McKay? ¿A qué se dedicaba? Explica.

2. Describe la prenda en cada caso.

- ¿Cómo eran los vaqueros cuando los compró Luke?
- ¿Cómo eran los vaqueros cuando los compró Patricia?

3. Observa y contesta.

- ¿Qué pensaron los vaqueros en este momento?
- ¿Cuál era su temor? ¿Por qué?
- ¿Cuál fue su destino?
- ¿En qué quedaron convertidos al final?

4. ¿Cómo lo hizo? Explica.

5. ¿Qué pensaba uno del otro cuando se conocieron? ¿Y al final? Explica.

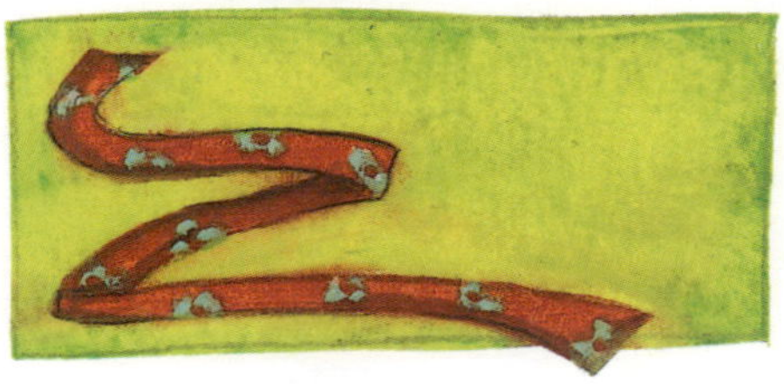

¿Eh?

Yo no entiendo a los adultos.
Yo no entiendo a los mayores.
Tampoco entiendo a los padres,
tampoco a los profesores...

Si tengo hambre, me riñen
por «tripetir» del helado;
si no tengo hambre, quieren
que me sirva más pescado...

Si estoy sudando, me riñen
por quitarme la chaqueta
y, cuando ellos tienen frío,
tengo que llevarla puesta...

Si estoy con sueño y salimos,
tengo que despabilar.
Y sin sueño me amenazan:
–¡A dormir sin rechistar!

Si estoy jugando, me gritan:
–¡Apaga ya la consola!
Pero si les doy la lata,
me dicen que juegue ahora.

Cuando no tengo ni idea,
me sacan al encerado
y cuando me lo sé todo,
siempre me quedo sentado.

Si quiero ayudar me sueltan
que deje de molestar,
y si no ayudo me dicen:
–¡Vaya solidaridad!

ALICIA BORRÁS

Contra la *amnesia*

Cuando sea presidenta
y gobierne la nación,
ordenaré que, en un bloc,
todos los niños y niñas
vayan llevando la cuenta
de aquello que les fastidia;
para que, el día que tengan
la mayoría de edad,
no se puedan olvidar
de cuando eran menores
y no calienten orejas
con charletas y sermones.

ANA ROSSETTI

¡Niño!

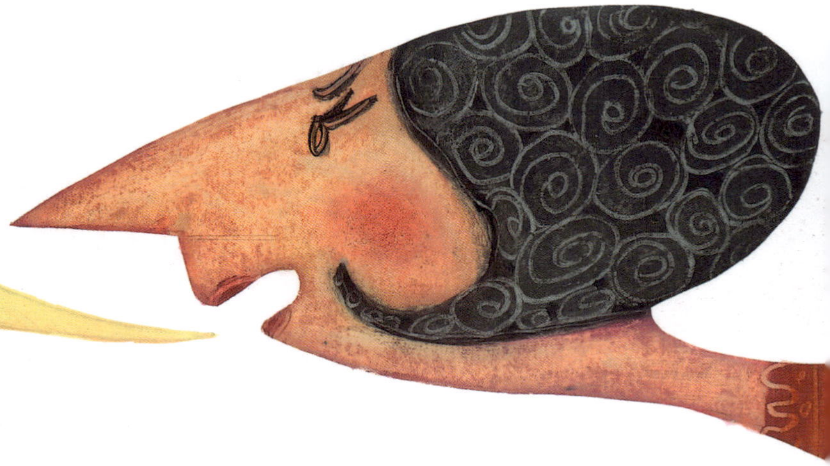

Es un peligro que me llamen niño,
porque no me lo llaman con cariño.

–¿Pero eres tonto, niño?
–gruñe doña Isabel
cuando las divisiones
ensucian el papel.

–¡Niño, fuera de aquí!
–me berrea mi hermano
cuando está con su chica
compartiendo un helado.

–Pero, niño, ¿qué haces?
–vocifera mi padre
cuando, al traerle algo,
se me hace un poco tarde.

–¡Venga, niño, despierta!
–me «tripite» mamá
cuando, en días de cole,
me cuesta madrugar.

–¡Niño de las narices!
–me suelta doña Amparo
cuando dejo mis huellas
en el suelo fregado.

–¡Te la has cargado, niño!
–me amenaza Fernando
cuando le digo a Irene
que me está molestando.

Es un peligro que me llamen niño,
porque no me lo llaman con cariño.

ALICIA BORRÁS

TALLER

1. Relaciona estos versos con el poema al que corresponden.

por «tripetir» del helado	me «tripite» mamá

¡Niño!	*¿Eh?*

▶ Ahora escribe el significado del verbo «tripitir» e inventa tú otros verbos y sus significados.

2. Piensa en alguna cosa de los adultos que no entiendas y escribe una estrofa para añadirla al poema *¿Eh?*

3 Ojo de Nube

Érase una vez, hace mucho tiempo, en un pequeño poblado de indios **crow**…

A cien pasos de las tiendas, una joven india daba a luz en cuclillas, ayudada por varias mujeres de su tribu. Tras una hora de agotadores esfuerzos, la abuela Luz Celeste cortó el cordón umbilical de un niño. Estaba a punto de atardecer. La anciana miró a su alrededor y puso a su nieto el nombre de Sol Rojo.

El niño parecía haber hecho un enorme esfuerzo para nacer. Su boca, sus puños y sus párpados estaban cerrados y a todo el mundo le extrañó que no llorase durante las primeras horas de vida. Poco a poco, fue aflojando la tensión. A las dos horas abrió la boca para **aferrarse** a un pezón de su madre. A los dos días abrió sus manos y mostró unas uñitas que parecían talladas en marfil. Y a las dos semanas abrió los párpados. Entonces, la familia comprobó que su **córnea** era totalmente blanca y que el niño no podría ver jamás. Por eso, cambiaron su nombre por el de Ojo de Nube.

Entre los crow, un hijo ciego era una desgracia. El pequeño grupo debía viajar con sus pertenencias dos veces al año y alguien así era una carga para los demás, fuese anciano o niño, hombre o mujer. En estos casos, la ley de la tribu aconsejaba abandonar a quienes representaban un obstáculo para la supervivencia. Pero a su madre, Abeto Floreciente, le daba mucha pena dejar desamparado a ese niño que ya era parte de su vida. Por eso, aseguró a su marido, Arco Certero:

–Yo seré sus ojos.

Y así fue. Desde las primeras semanas de vida, su madre le fue explicando lo que había a su alrededor. No le importaba que no pudiera entender sus palabras:

–Estamos en la montaña y es la Estación de las Flores. Lo que oyes es el río de las Fuentes del Cielo. A su orilla, las mujeres jóvenes pescamos con el arpón, mientras los hombres van de caza con sus arcos y flechas.

crow: tribu de indios americanos que habitaba en la zona de las Grandes Llanuras, en EE. UU.
aferrarse: cogerse con fuerza.
córnea: membrana transparente de la parte delantera del globo ocular.

Las primeras placas de hielo en el agua señalaron el momento de partir hacia las praderas. La tribu recogió sus enseres, preparó unas **rastras** con los palos de los **tipis**, se arrodilló para dar gracias al río que les había proporcionado el agua, a los árboles que les habían facilitado la leña, a los peces que los habían alimentado y a los animales que se habían dejado cazar, y emprendió viaje hacia el sur, a tierras más cálidas.

Abeto Floreciente llevaba a su hijo a la espalda y le decía, como consolándolo:

–A lo mejor, tus ojos no están preparados para cazar, sino para otras cosas distintas.

La madre hablaba a Ojo de Nube todo el tiempo. Le explicaba para qué se utilizaban los cráneos de conejo. Le mostraba la forma de tomar los frutos del árbol de la espina sin pincharse los dedos. Incluso le enseñaba a distinguir entre un arce rojo y un arce blanco, sabiendo que eso no le serviría en su vida para nada.

Quizá porque su madre le hablaba mucho, Ojo de Nube dijo pronto sus primeras palabras. Apenas se sostenía en pie, pero todos lo entendieron:

–Esta-noche-viento.

Al final de esa tarde se levantó un vendaval que duró toda la noche y que arrancó de cuajo una de las tiendas. Arco Certero, Ojo de Nube, Abeto Floreciente y sus dos hijos algo mayores pasaron las horas arrebujados entre unas pieles de oso, temiendo que el viento los arrastrara. Nadie pudo dormir, así que, incluso en esos momentos, su madre seguía susurrándole al oído:

–Cuando sopla así el viento, es porque el Gran Halcón agita sus alas. Está enojado. Quizá durante la estación pasada cazamos demasiados animales y nos recuerda que debemos cuidar más a la Madre-que-da-la-Vida.

---

rastras: estructuras de madera que se cuelgan de los hombros por un extremo, mientras el otro extremo arrastra por el suelo.
tipis: tiendas de piel, de forma cónica, de los indios de América del Norte.

Los tallos **agostados** de la pradera dieron la señal de que se acercaba la Estación del Fuego y que era el tiempo de regresar a las montañas. La tribu tomó sus pertenencias y partió de viaje, después de agradecer a las nubes que dieran la lluvia y a la tierra que proporcionara semillas.

Durante el camino, su madre lo consolaba:

–Tus ojos no pueden ver las montañas, pero verán hacia dentro cosas diferentes.

Estación tras estación, Ojo de Nube fue creciendo, arropado por las palabras de su madre. Aprendió a andar, y los tropezones no lo desalentaban. Nunca lloró. Muchas veces, cuando caía, permanecía tirado en tierra, con las piernas y los brazos extendidos, como si escuchara los latidos de la Madre.

También aprendió a nadar en las aguas frías de las Fuentes del Cielo. Le gustaba permanecer flotando desnudo en la superficie del agua, inmóvil, dejando que los peces se acercaran a su cuerpo y le tocaran con sus bocas y aletas. Los más grandes se colocaban alrededor de su cabeza y era como si le hablasen.

Los chicos de su edad lo consideraban un estorbo, así que muchas veces se quedaba en el poblado con las mujeres, a quienes reconocía por signos que pasaban inadvertidos a los demás, como el olor, el ritmo de sus pisadas o la **cadencia** de su respiración. Abeto Floreciente seguía:

–Las ancianas han ido a enseñar a las chicas qué se puede recolectar en el bosque. Mañana quizá llueva y por eso hay que dar grasa de **alce** a las costuras de la tienda…

Desde los cuatro años, Ojo de Nube fue con su madre a recoger tallos, **tubérculos**, hojas o cortezas. Él lo palpaba todo antes de meterlo en la bolsa de cuero. Lo olía, lo pasaba por su mejilla y se lo ponía cerca del oído para notar cómo vibraba al agitarlo.

agostados: secos.
cadencia: ritmo.
alce: animal rumiante parecido al ciervo, pero más corpulento.
tubérculos: partes de tallos o raíces que engordan bajo tierra, como las patatas.

Tenía cinco años y la tribu viajaba de nuevo desde las montañas a las praderas. Caminaban despacio porque dos mujeres estaban a punto de parir; una de ellas era Abeto Floreciente, que llevaba a su hijo de la mano y le contaba:

–Esta tarde llegaremos a la Garganta del Oso. Descansaremos en esa cueva varias noches y después seguiremos caminando. Por el cielo planean cuatro águilas con sus alas extendidas, señal de que nos protegen. Mañana, tu padre pedirá permiso a Madre para cazar algún venado que nos dé su carne los próximos días. Tu hermana…

Ojo de Nube la interrumpió apretando su mano:

–¡Dientes afilados!

La madre susurró a los demás:

–¡Dientes afilados! Cuidado. Puede haber pumas por aquí.

El grupo se detuvo. Arco Certero puso una flecha en su arma y, con gestos, indicó a tres hombres que rodearan una peña. Éstos, armados con sus lanzas, comenzaron a subir unas piedras. Aparecieron varios lobos grises. Uno de ellos se lanzó hacia un hombre, pero una flecha se clavó en su lomo en pleno salto. Al sentir sus aullidos de dolor, los demás animales huyeron despavoridos.

Desde ese día, Abeto Floreciente se sintió feliz al pensar que los ojos de su hijo podían ver cosas que estaban fuera del alcance de los demás. Dio a luz una niña en la Garganta del Oso, su padre y otros cazadores consiguieron un venado y cuatro días más tarde continuaron hacia las praderas. Ojo de Nube parecía tener una misteriosa capacidad para escuchar los signos del aire y anticipar si iba a soplar el viento o iba a llover. También sabía interpretar las voces o los silencios de los animales para saber si **acechaba** algún peligro.

---

acechaba: amenazaba.

Las semanas y los meses pasaron. Aunque Abeto Floreciente debía cuidar ahora de su pequeña, seguía siendo los ojos de su hijo y le explicaba cosas que tenían que ver con la supervivencia de la tribu, mientras limpiaba un pescado para asarlo en las brasas:

–La **bilis** de este pez es venenosa si toca la sangre. Mezclada con la savia del árbol de hoja plateada se mantiene viva mucho tiempo y tu padre puede utilizarla en sus flechas…

Con el tiempo, Ojo de Nube aprendió a hablar con los pájaros. Imitaba los cantos de aves diurnas y nocturnas. Muchas veces, un cuervo en pleno vuelo daba un quiebro en el aire al escuchar sus silbidos y revoloteaba sobre su cabeza o descendía al suelo para tomar algunos granos de semillas en sus manos.

Y aunque no iba de caza, ayudaba a los hombres a rastrear las presas. Se tendía en el suelo, escuchaba la tierra y olfateaba el aire hasta encontrar la procedencia exacta de los olores que venían de los rebaños que pastaban en la pradera o que **triscaban** en los montes. Al cabo de un rato decía a los hombres, señalando una dirección:

–Por allí. Un rebaño de al menos veinte búfalos.

Los chicos de su edad lo respetaban, sabiendo que Ojo de Nube podía percibir cosas que ellos no sabían mirar con sus ojos bien abiertos. A veces le preguntaban:

–¿Has visto a Alce Blanco?

–No lo he visto, pero está en el tipi de Llanura Fértil y acaba de **desollar** un conejo.

---

bilis: líquido que produce el hígado y colabora en la digestión.
triscaban: daban saltos, correteaban.
desollar: quitarle la piel a un animal, despellejarlo.

La vida siguió. También la muerte, que un invierno frío se llevó a Luz Celeste y a dos viejos que a esas horas estarían paseando por los Campos del Sol. El poblado había crecido en dos tiendas más, pues otras tantas parejas habían decidido vivir juntas. Y cada luna llena seguían celebrándose fiestas y danzas alrededor del fuego.

Pero un día, la calma en la pradera se rompió. Desde donde estaba, Ojo de Nube oyó truenos lejanos que no parecían proceder del cielo, sino de la tierra. Pensó que quizá habrían caído algunas estrellas, aunque era raro, porque los viejos contaban que sólo los abuelos de sus abuelos habían presenciado alguna vez algo parecido.

A media tarde, la partida de caza regresó alarmada. Habían visto algo que sus antepasados nunca habían relatado. Alrededor del fuego, todos escucharon las insólitas noticias de los valientes cazadores, que hablaban asustados, pues era la primera vez que veían un animal que llevara a sus lomos a un ser humano. No tenían aún una palabra que nombrara el caballo y lo describían a él y a los jinetes de esta manera:

–Es un animal bellísimo, fuerte como un bisonte y ágil como un gran venado, capaz de mantener en equilibrio a un hombre sobre su espalda.

–Y los hombres portan lanzas de donde brotan el trueno, el fuego y el humo.

–Los bisontes caen fulminados, como si les clavaran un cuchillo en el corazón.

–Son más que nosotros. Han plantado tipis en el Campo de Hierba Dorada.

Los niños escuchaban la descripción entre temerosos y emocionados, deseando que alguno de los cazadores dibujase en la piel de las tiendas a uno de aquellos animales, como recuerdo de la historia de la tribu.

La charla siguió hasta tarde. Algunos opinaban que no había que preocuparse porque por allí atravesaban algunas tribus pacíficas, a las que a veces habían ayudado. Pero otros pensaban que esos hombres pálidos eran un peligro nunca visto, dada la matanza que habían hecho entre los bisontes.
Al fin, fue el Anciano quien tuvo la última palabra:

–Mañana iremos a visitarlos. Si la Madre-que-da-la-Vida les permite habitar sobre la tierra, no tienen por qué ser peligrosos.

–Yo quiero ir.

Estas palabras las había pronunciado Ojo de Nube. Muchos se burlaron pensando que ese propósito era absurdo para un muchacho de sólo diez años y además ciego, pero el Anciano sentenció:

–Vendrás con nosotros. Tus ojos ven lo que los nuestros no alcanzan a ver.

Al amanecer, ocho hombres, más el Anciano y Ojo de Nube, marcharon hacia el oeste. El chico iba apoyado en el brazo de Arco Certero. Tres horas más tarde subieron una loma y desde allí contemplaron, en la llanura, el poblado de los hombres pálidos.

Ojo de Nube pidió a su padre que le contara qué veía:

–Doce tipis enormes. Tres grandes fuegos. Hay animales-que-llevan-hombres encerrados en una cerca. Al lado hay una montaña de animales desollados. Al menos cincuenta pieles sangrantes de bisonte extendidas por el suelo. Espera…

Un velo de polvo se formó en el horizonte. Ojo de Nube supo que eran pezuñas de animales grandes, pero no de bisontes ni ciervos. Sonaron dos truenos como los que había oído la víspera, pero ahora más próximos, y parecían aterradores. A medida que se asentaba el polvo y la columna se acercaba, su padre explicó:

–Son más hombres pálidos, montados en esos animales… Mirad…

Por las explicaciones de los hombres, Ojo de Nube imaginó cómo descendían los jinetes. Los animales-que-llevan-hombres provocaban una mezcla de admiración y pavor. Hasta allí llegaban gritos roncos y bruscos, en un idioma extraño. El Anciano decidió:

–Si esos hombres pueden dominar un animal tan poderoso y tan bello, es que son dioses. Hablaremos con ellos.

Pero la voz de Ojo de Nube sonó tajante:

–¡No! ¡No os acerquéis!

Las órdenes del Anciano no se discutían. Los cazadores estaban dispuestos a bajar para hablar con esos hombres pálidos, pero Ojo de Nube buscó al viejo sabio y lo tomó de la mano. Éste notó un escalofrío y preguntó al muchacho:

–¿Qué has visto?

El chico se le acercó y le explicó algo al oído. A medida que hablaba, el rostro del viejo mostró un gran temor. Al fin, ordenó con voz temblorosa:

–Nos vamos. Recogeremos el campamento y huiremos a las montañas.

La decisión causó pánico en el poblado. La supervivencia en las montañas era dura en invierno y todos temieron por la vida de los viejos y de los recién nacidos. Pero el Anciano explicó:

–Si nos quedamos, moriremos todos. Mejor que sobrevivan algunos.

Antes de salir, agradecieron los dones que habían recibido, pero esta vez el viejo preguntó a la Madre cómo era posible que permitiera que esos hombres llegados de lejos deshonraran los campos y los prados. El viaje fue triste. De vez en cuando, Ojo de Nube se tendía en el suelo para escuchar los signos de la tierra. De momento, se decía y decía a los demás, no había por qué preocuparse.

Decidieron asentarse unas semanas en la Garganta del Oso, hasta que pasara lo más crudo del invierno. Tuvieron que adaptarse a una nueva vida, amenazados por pumas y lobos que **merodeaban** por los alrededores, y hubieron de aprender a recoger raíces y tubérculos que no conocían. A veces, al Anciano se acercaba alguien que le preguntaba:

–¿Qué vio Ojo de Nube?

Pero el Anciano guardaba silencio.

Llegaron a las montañas antes de lo acostumbrado. El río aún estaba helado y las plantas todavía no habían brotado, por lo que las primeras semanas fueron penosas. Era difícil incluso encender fuego, y el viento frío se colaba por los **resquicios** del tipi. De vez en cuando miraban a Ojo de Nube mientras se preguntaban por qué habrían hecho caso a ese muchacho ciego, pero cuando consultaban al Anciano, éste se mostraba **inflexible**:

–No quedaba más remedio que irnos.

–Pero ¿qué vio el chico ciego?

Y el Anciano seguía guardando silencio.

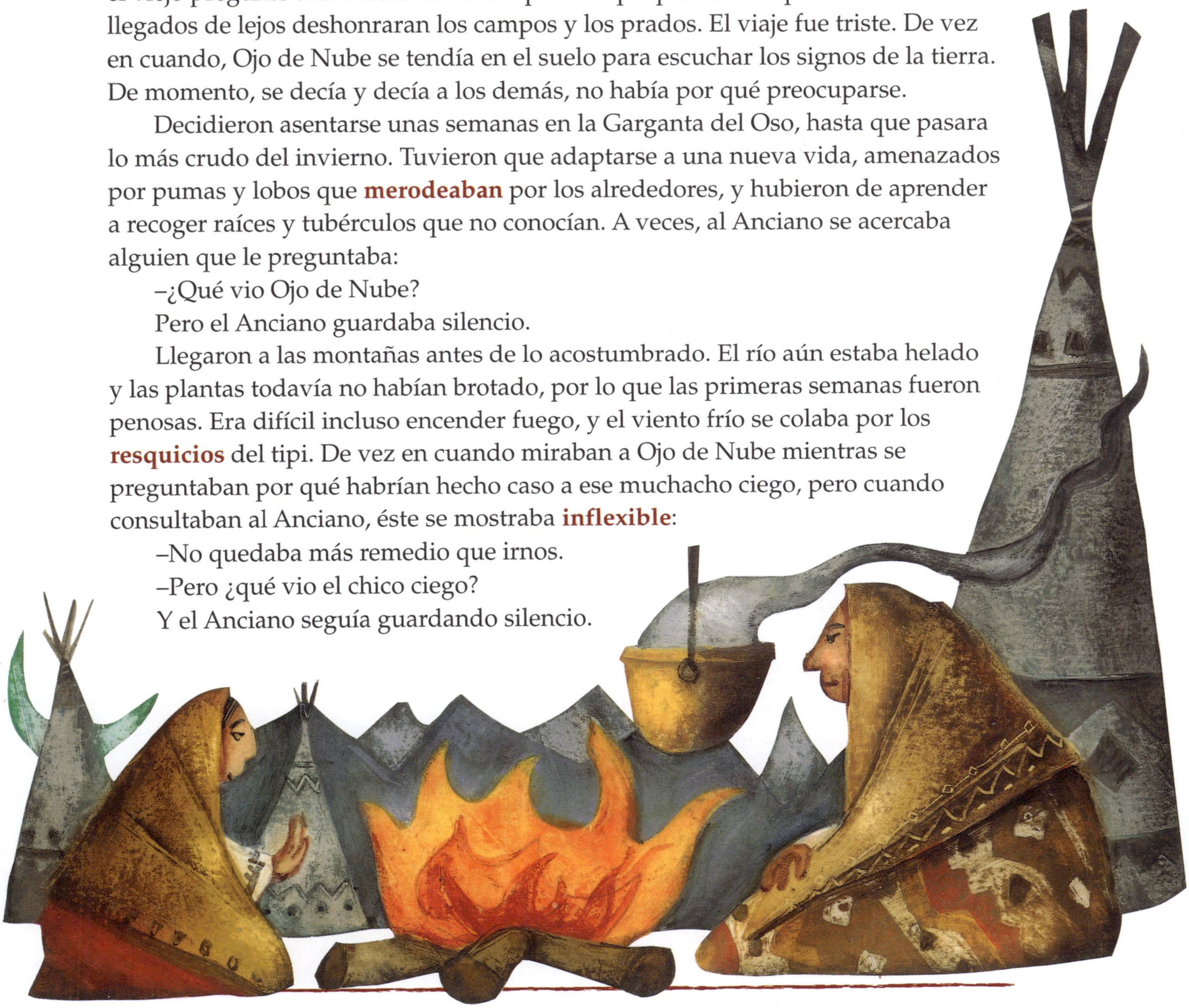

merodeaban: andaban por allí con malas intenciones.
resquicios: grietas, aberturas estrechas.
inflexible: firme en su postura, que no se deja convencer.

Llegó la Estación de las Flores. Pidieron permiso a Madre para cazar más animales y curtir sus pieles, para pescar más peces y secar su carne. La vida transcurría con sus ritmos cotidianos, pero los crow se preguntaban con tristeza si, cuando el borde del agua se helase, podrían volver a sus praderas. Para saberlo, poco antes de cada luna llena, el Anciano, Ojo de Nube y Arco Certero emprendían viaje hasta la Garganta del Oso.

Allí, Ojo de Nube parecía mirar el horizonte. Se tendía en el suelo e interpretaba sus signos. Olía el aire y oía el canto de los pájaros. Después de un rato de escuchar todas las señales de la tierra y del cielo, solía decir:

–Aún no podemos volver. Y cada vez son más…

Arco Certero pensaba con temor en aquellos hombres blancos montados en esos animales, con sus lanzas que vomitaban fuego. Subidos a ellos parecían rápidos e invencibles. Soñaba con la posibilidad de capturar alguno. O con que, quizá, esos hombres accedieran a cambiarlos por pieles de oso o plumas de águila…

La tribu no fue feliz esa estación, a pesar de que Madre fue generosa con ellos. Las primeras escarchas cayeron sobre las hierbas del río y todos pensaron que la Estación Blanca iba a ser cruel. Les desalentó saber lo que Ojo de Nube les trasladó una vez más, cuando regresaron de la cueva:

–No podemos volver. Y cada vez están más cerca.

Pero casi todos sobrevivieron al invierno. Sólo un niño y dos viejos no llegaron a la siguiente Estación de las Flores, y el Anciano fue uno de ellos. Durante esos meses tuvo que callar ante la insistente pregunta:

–¿Qué vio Ojo de Nube?

Pero lo reveló antes de morir. Explicó que el muchacho había notado que los pájaros cercanos, cuervos y **jotes**, se mantenían inmóviles y temerosos en las **crestas** próximas, sin atreverse a picotear las montañas de carne o las pieles que esos hombres pálidos habían robado a la Madre-que-da-la-Vida, sin pedirle permiso.

Además, les transmitió la misma sensación que Ojo de Nube había tenido:

–Alejaos de esos hombres pálidos. Huelen a muerte. ¡Son la Muerte!

RICARDO GÓMEZ

---

jotes: buitres americanos.
crestas: peñascos de forma aguda.

REGISTRO DE LECTURA

1. Contesta.

- ¿Cuál fue el primer nombre que le puso la abuela a su nieto? ¿Por qué?
- ¿Qué nombre le pusieron después? ¿Por qué?

2. ¿Cómo se llamaban los familiares del recién nacido? Completa.

Luz Celeste	• La madre se llamaba ________
Abeto Floreciente	• El padre se llamaba ________
Arco Certero	• La abuela se llamaba ________

3. ¿Qué pasó entre estos dos momentos? Explica las facultades de Ojo de Nube.

4. Observa y contesta.

- ¿Qué peligro podían suponer los hombres pálidos para los crow?

5. Expresa tu opinión.

- ¿Te ha gustado esta historia?
- ¿Qué es lo que más te ha gustado?
- ¿Qué es lo que te ha resultado más curioso o interesante?

Los tres deseos

Con el genio de la lámpara
a menudo me peleo
porque nunca me concede
las tres cosas que deseo.
Su excusa siempre es la misma:
–Con lo difícil que es
encontrar siquiera uno…
¡Imposible darte tres!
Y me invita a que le pida
ser ministro, papa o rey
o viajar a otros planetas
o joyas de oro de ley
o volar como los pájaros
o respirar bajo el agua
o domar a un cocodrilo
o escalar el Aconcagua…

Al final, sin más ideas,
suele ponerse algo chulo
y me suelta: –¿Y si me pides
un buen azote en el culo?
Pero yo sigo en mis trece
y sé bien lo que me digo:
–¡Genio, no tengas mal genio
y dame ya tres amigos!

MAR PAVÓN

Sueño adentro

El niño sordo
viajaba a bordo
de un transatlántico
cuando oyó el cántico
de una sirena,
de faz serena,
linda, menuda,
grácil y… muda.

El hombre ciego
todo lo vio
y fue el que luego
me lo contó.

MAR PAVÓN

¡Laralí, laralá!

Érase una vez la voz,
finita y muy estirada…
Érase una vez la voz,
chillona y maleducada.

Érase una vez la voz,
llena de risa y graciosa.
Érase una vez la voz,
enfadada y horrorosa.

Érase una vez la voz,
dormilona y descansada.
Érase una vez la voz,
rasposa y acatarrada.

Érase una vez la voz,
nerviosa y exagerada.
Érase una vez la voz,
cálida y enamorada.

ALICIA BORRÁS

En lo más alto

Trepó el chiquillo
a un árbol alto
y ya no hubo
más majestad.

–¿Subo o no subo?
–dudaba el gato
al pie del árbol
en propiedad.

Trepó el minino,
fino en el porte.
De premio tuvo
ser coronado
reina consorte.

MAR PAVÓN

TALLER

1. Escribe el título del poema que corresponde a cada ilustración.

1

2

3

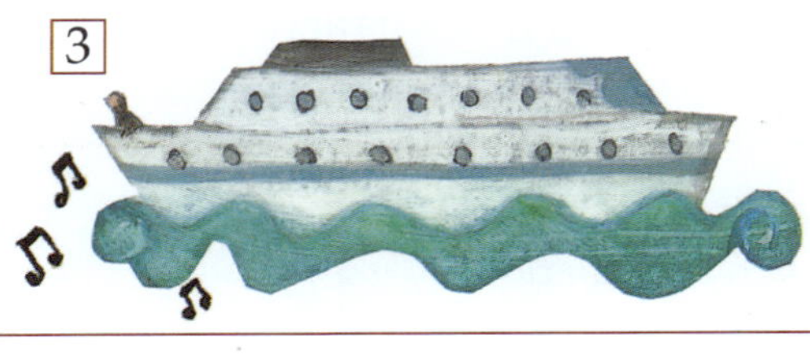

4

4 El príncipe sapo

Me llamo Facundo y soy un rechoncho y repugnante sapo. Pero no soy un sapo como los demás, no. Ellos son sapos corrientes y molientes; porque sus padres, abuelos y bisabuelos fueron sapos corrientes y molientes. Yo, sin embargo, soy hijo de reyes. Sí, sí, como os lo cuento; de reyes de trono y corona de oro. Pero ya sabéis lo que les pasa a las hadas cuando se enfadan: cogen su varita, empiezan a hacer encantamientos a diestro y siniestro y lo vuelven todo del revés.

Después de todo, esto de ser sapo no está tan mal. Si no fuera porque a las princesas casaderas les da por querer besarme y me persiguen a todas horas… La verdad es que no puedo entenderlo. Soy gordo, tengo los ojos saltones y estoy cubierto de verrugas… Vamos, que no soy precisamente un galán. Sin embargo, debo de tener un encanto especial, porque todas se vuelven locas por mí.

Peor es lo de las brujas, que se empeñan en atraparme para añadirme a sus pociones. No hay poción brujesca que se precie que no lleve un buen sapo como ingrediente. Así que, en cuanto las veo venir de lejos –son inconfundibles porque todas tienen una verruga en la nariz–, empiezo a saltar y no paro hasta que me quedo sin aliento. Y es que, puesto a elegir, prefiero acabar entre los brazos de una princesa besucona que dentro de un caldero, flotando en agua hirviendo.

Pero lo mejor será empezar por el principio…

Nací un 29 de febrero, lo que es un fastidio porque sólo puedo celebrar mi cumpleaños cada cuatro años, es decir, los años bisiestos. Pero si lo miramos por el lado bueno, también tiene sus ventajas: cuando los que nacieron el mismo año que yo cumplan ochenta, yo sólo cumpliré veinte; vamos, que estaré hecho un chaval.

A pesar de las continuas reprimendas de mi **ayo** Godofredo, mi infancia transcurrió plácidamente. El tiempo pasó y me convertí en un muchachito patilargo y desgarbado y con la cara llena de granos, ¡parecía una paella!

Un día estaba yo, feliz y contento, sentado en un **tocón**, dispuesto a tocar mi **mandolina**, cuando acertó a pasar el hada Sofía, murmurando entre dientes:

–Inaudito, esto es inaudito. Jamás un hada madrina se sintió tan ofendida. «So fea», me ha llamado «So fea». Pues para fea tú, reina mamarracha.

ayo: persona encargada del cuidado y educación de un niño.
tocón: parte del tronco de un árbol que queda unida a la raíz al talarlo.
mandolina: instrumento musical de cuerda, parecido al laúd.

Yo, observando el calibre del enfado del hada, procuré quedarme quietecito y pasar inadvertido. Sobre todo, cuando me di cuenta de que la causante de tamaño enfado, la reina mamarracha en cuestión, era mi madre. Pero a la hadita no se le ocurrió otra cosa que venir a sentarse en mi tocón. Y cuando me vio, ¡madre mía!, de su boca salieron sapos y culebras; descargó sobre mí toda la fuerza de su ira y pronunció las palabras mágicas:

A este príncipe tan guapo
voy a transformarlo en sapo
gordo, feo y repugnante,
por detrás y por delante.

Mi padre, en cuanto se enteró de lo ocurrido, ordenó a ministros, doncellas y lacayos buscarme por todos los lagos y charcas en diez kilómetros a la redonda. Para distinguirme del resto de los sapos, no tendrían más que fijarse en la mancha en forma de corazón de la espalda, marca distintiva de mi familia, los Piripitones.

Pertrechados de cazamariposas, coladores y otros cachivaches, la tropa de cazadores de sapos se dirigió a la busca y captura del sapo Facundo, o sea, a la mía.

Después de trescientos sapos cazados y devueltos a la charca, me encontró un ministro que, lleno de euforia, me metió en un puchero y me llevó a palacio.

–¡Ay, Facundito querido!– lloró desconsoladamente mi madre, achuchándome contra su mejilla–. Con lo guapo que tú eras y lo desmejoradito que estás.

–Vamos, vamos, deja ya de lanzar gemidos –le regañaba mi padre, que no era muy partidario de esas exhibiciones impúdicas de sentimientos.

–Croac, croac –croaba yo, porque en mi estado no podía hacer otra cosa.

Los días siguientes me los pasé dándome chapuzones en el estanque real, tomando el sol en la orilla y ejercitándome en el muy noble arte de cazar moscas.

Una mañana, cuando estaba plácidamente tumbado panza arriba sobre una piedra, vino a buscarme mi padre.

–Hijo mío –me dijo–, ya hemos encontrado a la afortunada princesa que tendrá el privilegio de darte un beso para que recuperes tu forma humana. Luego podréis casaros. Pero antes debes prepararte bien para la ceremonia de desencantamiento.

---

pertrechados: provistos.

Un puñado de lacayos afanosos se empeñaron en hacer de mí un sapo real. Después de hora y media de trajinar con jabones, cosméticos, sedas y rasos, quedé convertido en el sapo más emperifollado y ridículo que imaginarse pueda.

En el salón real me esperaba toda la corte: maestres, cancilleres, senescales, mayordomos… El rey y la reina estaban sentados en sus tronos y, entre ellos, sobre un **escabel** con numerosos cojines, me colocaron a mí lleno de lazos y brillos.

–Nos hallamos aquí reunidos –comenzó a hablar mi padre–, para llevar a cabo un hecho transcendental para el reino: el desencantamiento del príncipe Facundo.

–¡Oh! –exclamaron los presentes.

–En cuanto suenen los clarines, una princesa elegida de entre miles entrará por esa puerta, besará a Facundo y lo transformará de nuevo en príncipe. Entonces podrá sustituirme en el trono y convertirse en rey. Yo ya estoy viejo y cansado, y creo que ha llegado la hora de entregar mi corona. Estoy seguro de que Facundo sabrá desempeñar a la perfección su tarea: se levantará al alba para despachar los asuntos de Estado, representará a nuestro reino en el mundo entero, preparará larguísimos discursos con los que deleitará a los cortesanos, será juez **ecuánime** y emitirá sabios veredictos, se reunirá dos veces al día con ministros y cancilleres…

A mí ya me estaba empezando a doler la cabeza sólo de oír tantas obligaciones; pero mi padre continuaba:

–Inaugurará torneos y festejos, encabezará el ejército en las batallas, presidirá banquetes y festines, posará para pintores y escultores, tomará con presteza graves decisiones concernientes al reino, estudiará Matemáticas, Física y Astronomía…

Y siguió y siguió y siguió enumerando responsabilidades y tareas que a mí no me pusieron los pelos de punta porque ya se sabe que los sapos no tenemos pelo, pero que me provocaron escalofríos. Cuando por fin terminó con su **letanía**, sonaron los clarines, «tirirí, tirirí, tirirí…», y todos los presentes –yo incluido– dirigimos nuestras miradas hacia la puerta. La expectación era absoluta.

Acompañada de sus damas, entró la princesa. Al verla comprendí que no iba a ser capaz de desposarme con una desconocida. Si alguna vez me casara, lo haría por amor. Así que me escabullí entre los asistentes y no dejé de saltar hasta perder de vista el palacio, las obligaciones reales y a mi prometida.

Y desde entonces, aquí me tenéis, soy un sapo aparentemente corriente que vive tan a gusto en su charca. Sólo tengo que tener la precaución de cubrirme el lunar de la espalda, marca distintiva de los Piripitones, y, de vez en cuando, ir en secreto a visitar a mi madre. Y así vivo contento, porque para ser feliz no hay nada mejor que hacer lo que de verdad deseas, y no lo que los demás esperan de ti.

Carmen Gil

---

escabel: banco pequeño de madera sin respaldo.
ecuánime: equilibrado, imparcial, recto.
letanía: enumeración muy larga, retahíla.

REGISTRO DE LECTURA

1. Observa, lee y contesta.

- ¿Cómo se llama el hada?
- ¿Cómo la había llamado la reina?
- ¿Qué hizo el hada a continuación?

2. ¿Cuál de estos sapos es Facundo? Escribe el número que corresponde y explica la característica que lo distingue.

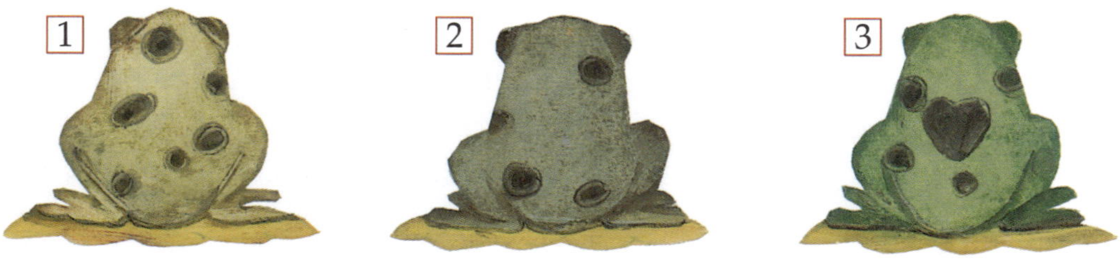

3. Contesta.

- ¿Cuándo nació Facundo?
- ¿Qué desventajas tenía haber nacido ese día? ¿Y qué ventajas?

4. Explica.

- ¿Por qué tenía que huir el sapo Facundo de las princesas?
- ¿Por qué tenía que huir el sapo Facundo de las brujas?

5. Observa y contesta.

- ¿Para qué prepararon así a Facundo?
- ¿Qué anunció el rey durante la ceremonia?
- ¿Por qué huyó Facundo del palacio?

Miniña

El día que la señorita Feli nos propuso en la clase de Lengua confeccionar un periódico, no fui consciente de que aquella actividad iba a marcar mi vida. Y aunque suene exagerado, así fue.

La «brillante idea» de la señorita Feli no la acogimos nada bien al principio. Así que protestamos, nos quejamos y manifestamos nuestro rechazo de todas las formas posibles. Nos pedía que hiciésemos «un esfuerzo adicional», según sus propias palabras, porque gran parte del trabajo había que realizarlo fuera del horario escolar.

–El trabajo será voluntario y servirá para subir nota –nos dijo–. Yo os ayudaré. Me podréis consultar todas las dudas que se os planteen, pero el peso del trabajo lo llevaréis vosotros. A fin de curso, lo expondremos y podrán verlo todos vuestros familiares. Tenéis que hacerlo muy bien. Ya veréis qué satisfechos os vais a sentir.

Como era de esperar, el periódico tenía que hacerse en equipo y la propia profesora estableció los grupos. Yo caí en el grupo de Daniela y Sebastián. Ambos pertenecían a ese género de alumnos muy apreciados por los profesores. Eran muy trabajadores y voluntariosos, de los que se dice que «elevan el nivel de la clase».

Además de Daniela, Sebastián y yo, en nuestro grupo estaba Raúl, un chico un poco raro. Había llegado al colegio este mismo curso. Era reservado, muy tímido y a mí me parecía más bien triste. Sabíamos poco de él, de todas formas. Sólo que vivía en las casitas que el Ayuntamiento había construido para familias necesitadas en el cerro, junto a los depósitos de agua.

La sección del periódico que nos tocó en el reparto fue Sociedad y decidimos reunirnos para organizarnos y empezar a trabajar.

Yo no me atreví a proponer que la primera reunión se hiciese en mi casa porque siempre había demasiado jaleo. Mis hermanos ponían la música a todo volumen y no me pareció que fuese el lugar más adecuado. Como los demás tampoco dijeron nada, quedamos en la biblioteca municipal.

A mí, la sección de Sociedad me parecía una cosa muy amplia y no sabía muy bien qué asuntos podían tener cabida en ella. Quizás por eso no acerté a proponer ningún tema para el artículo que teníamos que escribir. En cambio, Sebastián y Daniela llegaron con un montón de propuestas: hacerle una entrevista al jefe de Bomberos, hacer un reportaje sobre los inmigrantes que habían llegado para recoger fresas… Sus ideas parecían no tener fin. Entonces intervino Raúl, muy cortado, y dijo:

–Yo sólo traigo una propuesta… Es que en el muro que separa mi patio del patio de mi vecino vive una gata ciega y…

Sebastián y Daniela tenían que haber oído la voz temblorosa de Raúl. Pero escuchar, lo que significa escuchar, no habían escuchado nada. No le habían dejado ni terminar y ellos ya estaban hablando de votar para ver si íbamos a hacer la entrevista al jefe de Bomberos o tratar el tema de la inmigración o…

No sé si por chinchar un poco a los dos sabihondos o porque quería seguir comprobando que Raúl tenía voz propia y era capaz de usarla frente a semejantes eruditos, el caso es que me decidí a tomar la palabra:

–Yo no me creo que una gata sea ciega y mucho menos que viva en una pared…

–Pues no miento. Es ciega y vive donde te digo –repuso Raúl con determinación.

Por su tono capté que había comprendido el motivo de mi interrupción y, guiñándole un ojo sin que los otros dos se dieran cuenta, añadí:

–Me cuesta creerlo, pero si tú lo dices…

Daniela se creyó en la obligación de actuar como pacificadora y, dirigiéndose a mí directamente, intentó **zanjar** la cuestión:

–Bueno, Julián, no hay que ponerse así. Podemos ir a comprobarlo y ya está.

–No perdemos nada con ello –intervino Sebastián–. Si la gata es ciega, como dice Raúl, sería una auténtica bomba informativa, una **primicia**… Y las novedades son importantísimas en un periódico… ¿Cuándo podemos ir, Raúl?

¡Habían picado el anzuelo! Daniela y Sebastián podían ser muy listos, pero Raúl y yo habíamos llevado el agua a nuestro molino.

–Bueno, tendré que pedirle permiso a mi vecino Julio, que es quien cuida de la gata.

zanjar: resolver, solucionar.
primicia: primera noticia que se da sobre algo.

No hubo ningún problema y, al día siguiente, quedamos en la casa de Raúl para tomar contacto con el personaje principal de nuestro reportaje. Yo iba preparado con mi cámara fotográfica, como un auténtico reportero gráfico.

Nos recibió su madre, una mujer joven, pero de expresión triste, con aspecto de haber sufrido en la vida. No vivía nadie más en la casa. Más tarde supimos que Raúl era hijo único y que su padre había muerto antes de nacer él.

Después de tomarnos unas deliciosas natillas que la madre de Raúl había hecho para nosotros, ella nos dijo que Julio, el vecino, estaba esperándonos. No sé por qué, pero se la notaba feliz con nuestra visita. Nos acompañó hasta la casa de Julio y se encargó de las presentaciones:

–Julio, aquí están los amigos de Raúl. Atiéndelos bien. Tienen que hacer un trabajo muy importante para el periódico escolar.

Julio nos invitó a pasar. Era un hombre de mediana edad, que vivía solo. Tenía una barba poblada y unas gafas de gruesos cristales tras los que se apreciaban unos ojillos vivarachos y miopes. De considerable estatura y fuerte **complexión**, su aspecto era el de una persona bondadosa, de eso no me cupo ninguna duda. La primera prueba de su peculiar manera de ser nos la dio al momento, al atravesar el saloncito de su casa.

–Cuidado, no las piséis. Sin pedir permiso, han decidido abrir un camino por mi salón. ¡Vete a saber por qué!

Todos miramos al suelo y, para llegar hasta el patio, tuvimos que saltar por encima del incesante tráfico de un reguero de hormigas…

–Ahí la tenéis. Ésta es mi niña –dijo Julio, señalando la pared del patio–, por eso la llamo así: Miniña.

complexión: constitución física de una persona.

Allí, sobre el muro y bajo el alero del tejado, estaba la gata. Julio se subió a una escalera, con una lata de carne para gatos en la mano, y se fue acercando cuanto pudo al muro mientras pronunciaba dulces **requiebros**:

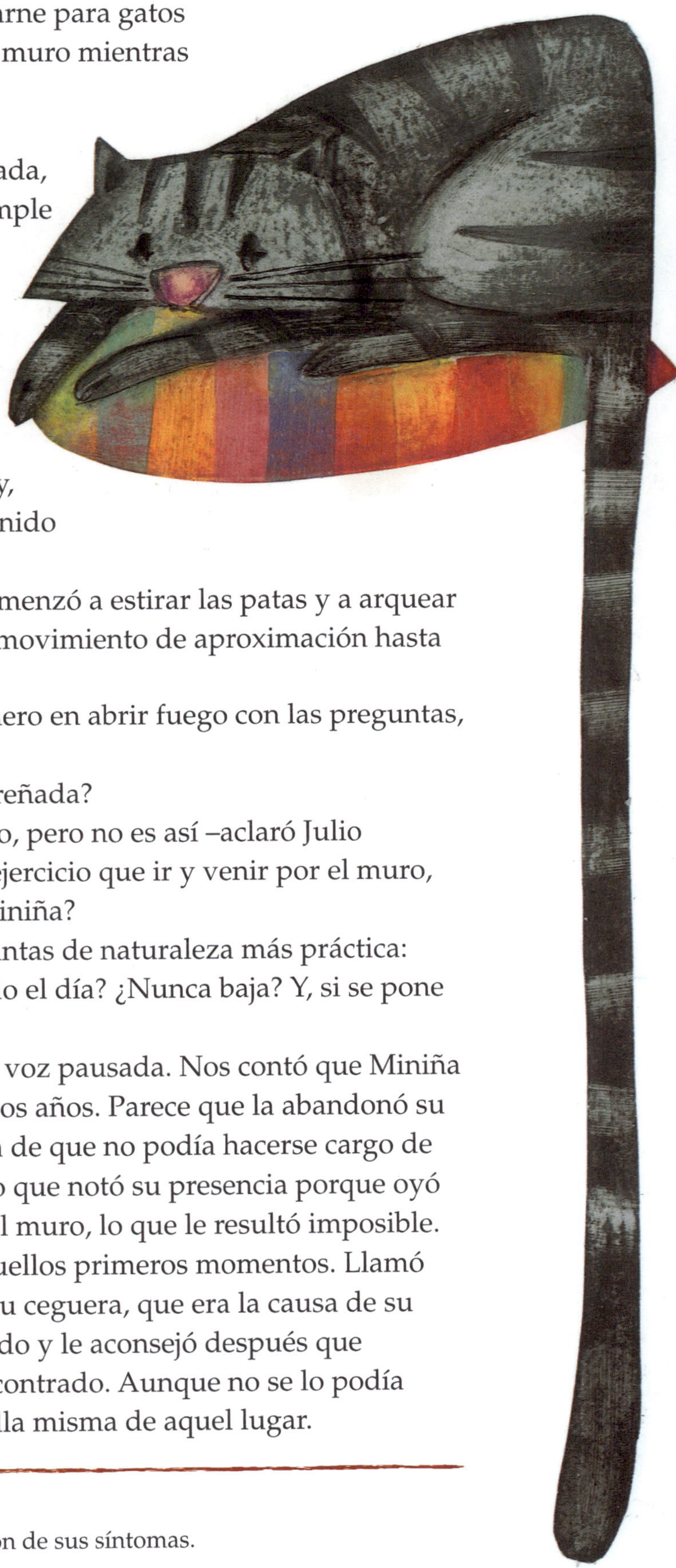

–Ven aquí, Miniña. Bonita…

Miniña no se movió y permaneció agazapada, cada vez más acurrucada sobre sí misma. A simple vista, era una gata común y corriente, gris con rayas negras. Nada había de especial en ella.

–Está asustada –advirtió Julio–. No está acostumbrada a que la visite tanta gente. Ya sabéis que no ve, pero tiene un oído muy desarrollado… Anda, Miniña, acércate. Te he comprado la carne que tanto te gusta… Hoy, además, es un día distinto: estos chicos han venido a hacer un reportaje sobre ti.

Como si hubiese comprendido, Miniña comenzó a estirar las patas y a arquear el lomo en lo que supuso el inicio de un lento movimiento de aproximación hasta el cacharro donde Julio vertía su comida.

Sebastián, grabadora en mano, fue el primero en abrir fuego con las preguntas, algunas de las cuales traíamos preparadas.

–Tiene la barriga muy gorda, ¿no estará preñada?

–No, no. Todo el que la ve piensa lo mismo, pero no es así –aclaró Julio inmediatamente–. Es que, como no hace más ejercicio que ir y venir por el muro, se está poniendo bastante gordita. ¿Verdad, Miniña?

Daniela continuó con una ráfaga de preguntas de naturaleza más práctica:

–¿Cómo llegó hasta aquí? ¿Se pasa ahí todo el día? ¿Nunca baja? Y, si se pone enferma, ¿cómo la cuidas?

Julio contestaba a todas las preguntas con voz pausada. Nos contó que Miniña apareció allí, un buen día de Reyes, hacía ya dos años. Parece que la abandonó su propia madre, que por instinto se daría cuenta de que no podía hacerse cargo de ella y del resto de su camada a la vez. Nos dijo que notó su presencia porque oyó unos lastimeros maullidos e intentó bajarla del muro, lo que le resultó imposible.

Julio siguió contándonos cómo fueron aquellos primeros momentos. Llamó a una veterinaria, que fue quien **diagnosticó** su ceguera, que era la causa de su extraño comportamiento. La vacunó como pudo y le aconsejó después que la dejara allí, en la la pared donde la había encontrado. Aunque no se lo podía asegurar, tal vez algún día acabaría bajando ella misma de aquel lugar.

---

requiebros: piropos, galanterías.
diagnosticó: calificó una enfermedad tras la observación de sus síntomas.

Poco a poco, la gatita fue acostumbrándose a los cuidados de Julio e incluso empezó a solicitar ciertos mimos. Se volvió bastante caprichosa con la comida y hasta exigente con las caricias que había que prodigarle diariamente…

Mientras nos explicaba todo esto, Julio decía a cada momento:

–¿Verdad que sí, Miniña?

Parecía desear que el animal confirmase todo lo que él iba diciendo. Miniña, por su parte, lo único que hacía era arquear el lomo mientras Julio la acariciaba.

–¿Podemos acariciarla nosotros? –se me ocurrió preguntar a mí.

–¡Huy! No creo que se deje –respondió Julio–. Es muy **arisca**. Se guía por el oído y por el olfato. En cuanto detecta algo desconocido o que no le agrada, huye a donde nadie pueda alcanzarla. Pero podemos intentarlo…

Yo fui el primero en subirme a la escalera. Pero fue imposible tocarla. Al notar mi cercanía, dio media vuelta y se alejó cuanto pudo, bufando y con los pelos erizados… Sebastián y Daniela, visto mi escaso éxito, ni lo intentaron. Entonces, Raúl comenzó a llamar cariñosamente su atención:

–Bisss… Bisss… Miniña, ven aquí. Anda, termínate la comida.

La voz de Raúl se había transformado. Sonaba tan dulce como las natillas de su madre. Miniña acudió lentamente a su llamada y se terminó la comida entre las caricias de Raúl. De todas maneras, se notaba su tensión. **Aguzaba** el oído ante cualquier ruido, para identificarlo, y se ponía en guardia cada vez que sonaban las teclas de la grabadora, ya que Sebastián y Daniela no paraban de accionarlas para registrar las numerosas preguntas que dirigían a Julio.

arisca: huraña, intratable.
aguzaba: esforzaba uno de sus sentidos para percibir con él lo más posible.

Parecía que Miniña nos miraba fijamente. Raúl, para despejar nuestras dudas, le pasaba la mano por delante de sus enormes y cautivadores ojos de gata y ella ni pestañeaba. Al mismo tiempo intentaba consolarme:

–No tengas celos, Julián. Es que a mí ya me conoce. Con todos los desconocidos hace lo mismo que te ha hecho a ti.

Julio asintió y aclaró enseguida:

–Desde que vive en esta casa, Raúl se ha convertido en un colaborador fundamental en el cuidado de Miniña… Nos ocupamos de ella entre los dos. Sabéis, otra cosa muy curiosa es ver lo que hace Miniña ahí, a pleno sol, a esas horas del día en que hace muchísimo calor, o cuando hiela en las frías noches de invierno… Explícaselo tú, Raúl.

–Es muy gracioso –dijo Raúl–. Se deja caer. Es decir, se tira al patio. Unas veces al de Julio y otras al mío. ¡Menos mal que los gatos tienen siete vidas!

–¿Y cómo vuelve a subir? –preguntó Sebastián.

–Pues gateando, agarrándose a la pared con sus garras. Así me la encontré la primera vez que la vi –contestó Raúl, que de entrevistador pasó a ser entrevistado.

–Desde que llegaron Raúl y su madre estoy mucho más tranquilo –añadió Julio–. Antes, cuando la casa estaba deshabitada, me daba mucho miedo que en la caída se lastimase y no pudiera volver a subir. Ahora, Raúl ha colocado un tablón en forma de rampa, como ese que veis ahí, y ya no le cuesta tanto llegar hasta el muro. Porque, la muy tozuda, no se queda en nuestro patio más tiempo del que ella considera necesario. No hay manera.

–Al poner la rampa podría decirse que habéis eliminado una gran barrera arquitectónica –comentó Daniela acercándose la grabadora a los labios.

–Podríais formar una ONCE para gatos –bromeé yo.

Julio y Raúl sonrieron satisfechos, en abierta complicidad y camaradería.

Antes de irnos, hice varias fotografías a Miniña, para incluir alguna de ellas en nuestro trabajo.

El reportaje sobre Miniña, bajo la estricta supervisión de Sebastián y Daniela, nos quedó de maravilla. La señorita Feli no sólo nos felicitó, sino que se la veía orgullosísima de nosotros y nos puso un sobresaliente en la nota final.

Pero la cosa no quedó ahí. Nuestro reportaje alcanzó una gran repercusión en todo el colegio. Además, el presidente de la Asociación de Madres y Padres, que era miembro de una organización de defensa de los animales, envió el reportaje a varios periódicos y revistas, que lo publicaron también con nuestras firmas.

Pronto tuvimos que volver a casa de Julio para repetir el reportaje, pero esta vez... ¡ante las cámaras de televisión!

Lo más curioso de todo fue que aquella organización de defensa de los animales nombró a Miniña socia adoptiva y, además, le propuso a Julio construir una plataforma en el muro para mejorar las condiciones de vida del animal. Julio se negó en redondo y argumentó que Miniña había decidido libremente vivir en aquel estrecho **hábitat** y era feliz así. Él creía que modificar su forma de vida podría acarrearle problemas o trastornos y no estaba dispuesto a correr ese riesgo. Lo que sí aceptó Julio fue una ayuda económica destinada a la alimentación de Miniña.

■ ■ ■ ■

Esta historia la he escrito desde la redacción del diario *El Progreso*. Hice la carrera de Periodismo y, en la actualidad, soy el redactor jefe de este periódico.

Dentro de un rato asistiré a una reunión muy especial que, cada cierto tiempo, celebramos aquel equipo de reporteros escolares. Y no nos resulta nada fácil reunirnos. Daniela anda por el Amazonas, catalogando insectos en un programa de la **UNESCO**. Sebastián realizó la ilusión de su vida y hoy es el jefe de Bomberos de nuestra localidad. Raúl vive la mayor parte del tiempo disfrutando de la naturaleza porque se ha convertido en un famoso alpinista que ha escalado las cumbres más elevadas del planeta.

A pesar de las dificultades que tenemos para coincidir, seguimos siendo muy amigos y nos vemos siempre que podemos. En esta ocasión, como aquella vez hace ya tantos años, hemos quedado en la casa de Julio o en la de la madre de Raúl. Porque, con permiso del Ayuntamiento, han decidido compartir sus patios derribando la pared de separación que había entre ellos, ahora que Miniña ya no está. Sí, ya no está. Sus días acabaron con la misma placidez con la que los vivió.

Siempre permanecerá en mi recuerdo esa gatita ciega que, ya sabéis por qué, marcó mi vida.

ANTONIO MONTERROSO

hábitat: territorio de unas características ambientales determinadas, adecuado para que vivan determinados seres vivos.

UNESCO: siglas en inglés de la Organización de las Naciones Unidas para la Educación, la Ciencia y la Cultura.

REGISTRO DE LECTURA

1. ¿Qué personaje cuenta la historia? Marca.

☐ Raúl. ☐ Daniela. ☐ Julián. ☐ Sebastián. ☐ Julio.

▶ Ahora contesta.

- ¿Qué profesión ejerció de adulto ese personaje?
- ¿Cuál fue la causa, según él, de que se dedicara a ese trabajo?

2. Relee el texto y describe a Miniña.

▶ Debes explicar cómo es y qué rasgos destacados tiene.

3. Contesta.

- ¿Dónde vivía Miniña?
- ¿Quién la encontró?
- ¿Quién lo ayudaba a cuidarla?
- ¿Qué hacía Miniña en los días calurosos o en las noches muy frías?
- ¿Cómo volvía a subir al lugar en el que vivía?
- ¿Qué puso Raúl para facilitarle la subida al muro?

4. Observa y contesta.

- ¿Qué trabajo habían hecho los niños en el colegio?
- ¿Qué repercusión tuvo el trabajo que habían hecho los niños?

5. Escribe un breve texto en el que describas algún trabajo que hayas hecho tú, en grupo, con otros compañeros del colegio.

Un autobús de esdrújulas

El autobús escolar
se llena de gente esdrújula,
gente menuda, **pletórica**
de imaginación y música,
de inglés, francés y gramática,
y ortográficas mayúsculas:
Álvaro, Íñigo, Mónica,
Águeda, Rómulo, Prímula,
Cándido, Hipólito, Plácido,
Fátima, Bárbara y Trístula.

Y al frente de todos ellos
va la señorita Úrsula,
alta, pálida y atlética,
con un chándal color púrpura
y una bufanda **estrambótica**
con iniciales minúsculas.

El chófer del autobús
toma las rectas y «cúrvulas»
cantando viejos romances
del tiempo de la República,
y los lleva de excursión
hasta los cerros de Úbeda.

MANUEL JURADO

La hache

Esta letra tan picuda
no habla nunca porque es muda.

Está **huera**: es bien sabido
que ha huido de ella el sonido.

Con un simple abracadabra,
abre un hueco en la palabra.

Y es que esta letra, a lo sumo,
es una letra de humo.

Mas, sin embargo, ella sola
convierte en saludo la ola.

CARMEN GIL

pletórica: llena, rebosante.
estrambótica: rara, extravagante.
huera: vacía, sin contenido.

Acentos

Máscara de la comedia,
máscara de carnaval,
más cara que un caradura,
más cara que el azafrán,
mascará unas cuantas pipas
bien tostadas y con sal.

Cáscara de la naranja,
cáscara para pelar,
cascara tres huevos crudos,
cascara cuarenta más,
cascara lo que cascara,
cascará, sí, cascará.

Cántara para la leche,
cántara para la cal,
cantara a grito pelado,
en la tele cantará:
cantara lo que cantara,
a mí no me encantará.

A. A. GÓMEZ YEBRA

TALLER

1. Escribe un poema en el que juegues con los acentos de las palabras. Puedes utilizar algunos de estos grupos.

público - publico - publicó	práctico - practico - practicó
término - termino - terminó	depósito - deposito - depositó
pase - pasé - pasee - paseé	círculo - circulo - circuló
pie - píe - pié	pose - posé - posee

5 El regalo de Navidad

Otra persona lo habría tomado por una estrella fugaz, pero Teresa, al ver el rastro de luz en el cielo, supo que era el trineo de Papá Noel.

Corrió sobre la nieve **inmaculada**, dejando un rastro de diminutos hoyuelos, hasta el punto del bosque en el que debía de haber aterrizado el objeto volador.

La noche era fría y oscura, pero la niña no tenía miedo, como no lo había tenido unas horas antes, al escapar del **orfanato**. Tampoco sentía el viento helado que azotaba su rostro: era la noche de Navidad e iba al encuentro de Papá Noel.

No sabía el lugar exacto en el que había ido a morir la estela luminosa, pero pronto pudo orientarse por la tenue luz que distinguió entre los árboles y que no podía ser otra cosa que el resplandor del trineo de Papá Noel.

El ritmo de su corazón se fue haciendo más rápido a medida que se acercaba a su objetivo y el resplandor aumentaba en intensidad. Cuando al fin llegó al claro del bosque en el que se había posado el vehículo volador, se quedó inmóvil, con la boca muy abierta, olvidándose por un momento de respirar.

A pesar de que ya sabía lo que iba a ver, la emoción la paralizó por completo. Tan pálida y con su **guardapolvo** blanco encima del abrigo, para que fuera más difícil distinguirla sobre el terreno nevado si salían en su busca, parecía un diminuto muñeco de nieve con dos grandes cuentas verdes por ojos.

Allí estaba, a pocos pasos de ella, Papá Noel, corpulento y magnífico, con su traje rojo, su barba blanca y su sonrisa bonachona. Y junto a él, su maravilloso trineo dorado, con sus seis renos voladores de magnífica cornamenta.

---

inmaculada: limpia, sin mancha.
orfanato: casa para niños huérfanos.
guardapolvo: prenda de tejido ligero que se usa para proteger del polvo la ropa que se lleva debajo.

Papá Noel le tendió la mano con gesto amistoso y dio un paso hacia ella; pero en ese momento, como aquejado por un repentino dolor, se dobló sobre sí mismo y pareció a punto de desplomarse.

–¿Qué te pasa? –preguntó Teresa alarmada, saliendo de su inmovilidad y corriendo hacia él–. ¡Tu cara se ha vuelto azul!

–¿Eh? ¡Oh, no es nada, pequeña!

Y de nuevo vio a Papá Noel erguido y sonriente, con sus mejillas de un saludable color sonrosado.

La niña sonrió aliviada y tomó la mano que el anciano le tendía. Era aún más grande de lo que ella había imaginado: un robusto hombretón de más de dos metros de estatura. Teresa dudó de que pudiera bajar por las chimeneas.

–Ya no soy joven, ¿sabes? –bromeó Papá Noel–, y este trabajo es tan agotador…

No pudo terminar la frase. De nuevo, su rostro se volvió súbitamente azul, y esta vez se desplomó pesadamente sobre la nieve.

Entonces ocurrió algo extraordinario. La barba de Papá Noel se volvió tenue como la niebla y se fue esfumando a medida que se intensificaba el color azul de su rostro. Su traje rojo, tras oscilar unos instantes ante los ojos de la niña, se convirtió en un ceñido traje plateado, y el gorro se disolvió con la blanca cabellera del anciano, lo que dejó al descubierto una calva reluciente y tan azul como el resto de la voluminosa cabeza.

Junto a Teresa yacía ahora un extraño hombretón de piel azulada y orejas puntiagudas. Los renos también se habían esfumado y el trineo había cedido su lugar a un **inverosímil** artefacto ovalado, cuyo resplandor era ahora más rojizo.

La niña sintió asombro, pero no miedo. Con barba o sin barba, sonrosado o azul, aquel gigante era su amigo. Se arrodilló junto a él, levantó con esfuerzo su cabeza, la apoyó en su regazo y le limpió la nieve del rostro.

El hombretón permanecía inmóvil, pero Teresa sabía que no estaba muerto. Antes, cuando él había hablado, en realidad no había oído su voz, sino que la había sentido dentro de ella, como cuando hablaba consigo misma. Ahora, de un modo similar, notaba que su amigo estaba vivo. No tenía más que esperar a que volviera en sí.

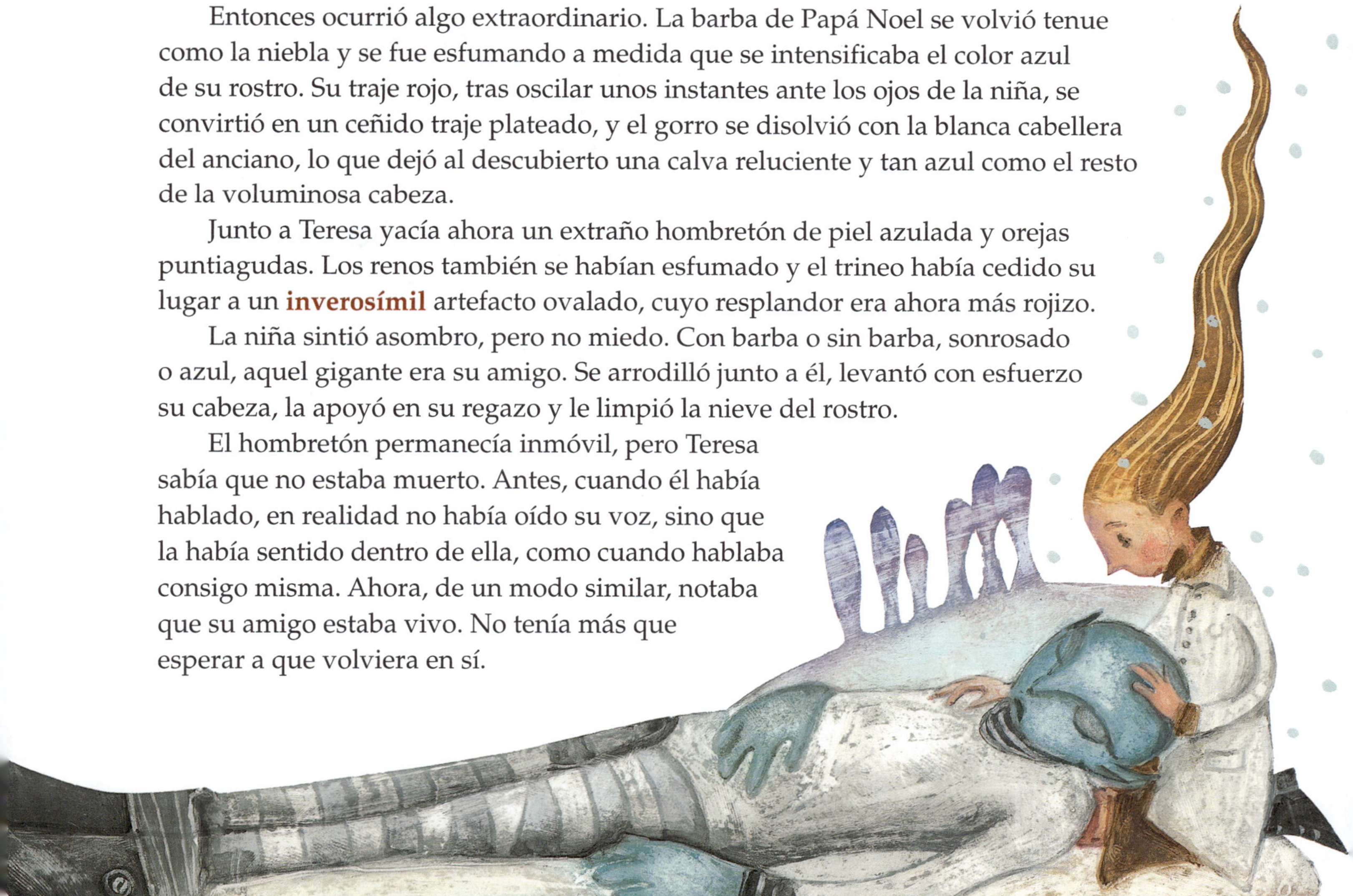

inverosímil: que no parece real, desconocido.

Por fin, el hombre azul abrió sus grandes ojos rojos. Teresa le sostenía la cabeza y lo miraba fijamente, con expresión preocupada.

Con una agilidad sorprendente, el gigante se levantó de un salto y se plantó frente a la niña. La barba blanca floreció de nuevo en sus mejillas y su traje plateado dio paso al rojo uniforme de Papá Noel; pero su cara seguía siendo azul, y por debajo del gorro asomaba un par de orejas puntiagudas.

–Ya no puedes engañarme –dijo Teresa sin molestarse en pronunciar las palabras en voz alta, pues sabía que él las oía directamente desde sus pensamientos–. Tú no eres Papá Noel. Eres un extraterrestre.

El gigante dio un respingo. Su barba y su traje rojo se disolvieron en el aire, y de nuevo apareció ante la niña con el aspecto que había tomado al desplomarse.

–¿No te doy miedo?

–¿Por qué me ibas a dar miedo?

–¿No te importa que sea tan grande y... extraño?

–Eres hermoso –respondió Teresa–. Me gusta el color azul de tu piel. Tienes los ojos rojos como un ratón blanco y las orejas puntiagudas como un duende.

El gigante sonrió, mostrando unos dientes grandes y **nacarados**. Su sonrisa real no se parecía a la bonachona sonrisa de Papá Noel, pero a la niña le resultó igualmente reconfortante, pues la sintió dentro de ella como una caricia.

–¿Por qué te has disfrazado de Papá Noel?

–Al sentir que te acercabas, he temido que te asustaras al ver mi aspecto real, así que he hurgado en tus pensamientos para averiguar qué era lo que esperabas encontrar... Del mismo modo que puedo hablar en tu mente, puedo sugerirte imágenes, hacerte ver cosas que no existen. Puesto que deseabas ver a Papá Noel, he pensado que la mejor forma de no asustarte era hacerme pasar por él. Pero al perder el conocimiento he dejado de controlar tu mente y me has podido ver tal como soy en realidad. Ahora, como ya conoces la verdad, no he podido engañarte de nuevo.

---

nacarados: blancos y brillantes como el nácar.

Teresa sonrió. El gigante azul se inclinó sobre ella y la levantó con sus manazas como si fuera un pajarillo.

–No puedo llevarte conmigo –dijo anticipándose al deseo de Teresa–. Mi astronave está averiada y he estado a punto de matarme; por eso me he desmayado. Pero tampoco te dejaré sola. Sé que querías pedirle a Papá Noel un amigo y, puesto que he asumido su personalidad, tengo que complacerte.

Con la niña en brazos, se encaminó hacia la astronave. La depositó en el reluciente suelo del vehículo espacial y fue en busca del robot **nodriza**.

A primera vista, el robot parecía un osito de felpa, sólo que su pelo era sedoso y azul, su morro puntiagudo y sus extremidades terminaban en manos de cuatro dedos. Era un robot programado para jugar con un niño y cuidar de él. Estaba dotado de un dispositivo antigravedad, un generador de pantalla protectora, una pila atómica prácticamente inagotable y, por supuesto, un cerebro electrónico de gran capacidad.

–¡Es maravilloso! –exclamó la pequeña–. Es el muñeco más bonito del mundo.

–No es un simple muñeco –le explicó el hombre azul–. Es tu amigo.

A una orden del extraterrestre, el robot se puso en movimiento y tomó a la niña de la mano, mirándola con sus brillantes ojillos.

Incapaz de hablar, Teresa salió de la nave con aquel maravilloso muñeco casi tan grande como ella. El hombre azul los seguía, sonriendo complacido.

–¿Cómo se llama? –preguntó la niña.

–Como tú quieras –contestó el extraterrestre.

–Lo llamaré Teddy –dijo Teresa.

–Muy bien –añadió el gigante azul–. Teddy, ésta es Teresa, y de ahora en adelante serás su amigo. Activa tu registro de instrucciones. Voy a programarte para la nueva situación.

Dicho esto, se detuvo a pensar en las órdenes que debía darle al robot para que cuidara de la pequeña terrestre.

---

nodriza: que cría y se ocupa de una criatura ajena.

Hacía frío. Los **termosensores** de Teddy, que aún sujetaba la mano de Teresa, captaron el contraste entre la temperatura corporal de la niña y la temperatura ambiental, por lo que inmediatamente comenzó a generar calor. Luego tomó un puñado de nieve, la hizo hervir y la mezcló con una **jalea** nutritiva que había fabricado de acuerdo con las necesidades de la pequeña. Finalmente, le ofreció la bebida caliente a Teresa, que estaba hambrienta y la tomó con evidente placer.

Al observar esto, el hombre azul cayó en la cuenta de que al decirle a Teddy que fuera amigo de la pequeña terrestre, le había dado todas las instrucciones para su cuidado. Por lo demás, el robot ya estaba programado para cubrir las necesidades físicas y mentales de un niño.

–Espero instrucciones –dijo Teddy cuando la niña terminó su bebida.

–No tengo nada más que decirte, Teddy. Sabes mejor que yo lo que hay que hacer. Mis instrucciones son sencillamente éstas: cuida de Teresa y haz todo lo posible para evitar que sufra.

Fue la despedida del hombre azul, que se esfumó en aquel mismo instante.

Desde aquel día, el robot se ocupó de Teresa, respondía a sus preguntas y jugaba con ella. Le resultó muy fácil. No necesitaban casa: su invisible pantalla protectora era el abrigo más confortable que se podía encontrar sobre la Tierra. No necesitaban vehículo, ya que el dispositivo antigravedad del robot les permitía desplazarse por el aire a gran velocidad. Y tampoco necesitaban cocina, ni dormitorio, ni cuarto de baño. Teddy fabricaba para la niña los alimentos más adecuados; la bañaba emitiendo vapor de agua caliente; la arrullaba y la hacía dormir sobre mullidos campos de fuerza...

Teresa había pasado la mayor parte de sus ocho años de vida en un orfanato y no guardaba un buen recuerdo de aquel lugar. Prefería vivir en los bosques con su nuevo amigo, junto al que no tenía nada que temer, junto al que nada le faltaba.

---

termosensores: mecanismos que sirven para captar la temperatura ambiente.
jalea: especie de mermelada transparente y gelatinosa hecha de frutas.

Durante un tiempo, su vida, hasta entonces tan amarga, fue una fiesta continua, un juego apasionante. De la mano de Teddy visitó las selvas africanas, las extensiones heladas de la Antártida, los silenciosos fondos submarinos. El osito azul era su amigo, su vehículo, su casa, su maestro y su médico. Su mundo.

Pero un día, en un bosque, tropezaron con un viejo vagabundo hambriento y enfermo. Y la visión del dolor oprimió el corazón de la niña.

El robot alimentó al anciano, fabricó ropas para sustituir sus harapos y medicinas para sus dolencias. Sin embargo, Teresa no dejaba de llorar. Aquella imagen había despertado el recuerdo de otros sufrimientos que había presenciado.

–Teddy –dijo Teresa sollozando–, no quiero que haya personas enfermas que no tengan qué comer ni dónde dormir... No quiero que la gente sufra.

Teddy había sido programado para satisfacer a la niña y, puesto que ella deseaba que la gente no sufriera, a eso debía dedicar sus esfuerzos.

El robot nodriza empezó por estudiar a fondo el planeta en el que se hallaba, concentrándose en el tema del sufrimiento humano.

Si un robot pudiera sentir asombro, él se habría sorprendido de lo frecuentes que eran el hambre, la enfermedad, la opresión, la guerra. Si hubiera podido sentir horror, se habría horrorizado. Pero su cerebro era una computadora fría y lógica y se limitó a acumular datos para luego procesarlos en busca de conclusiones.

A Teddy no le llevó mucho tiempo hacerse una idea exacta de la magnitud del problema. Se dio cuenta de que la tarea que tenía ante sí desbordaba ampliamente sus posibilidades individuales, pese a que sus recursos eran inmensos. Así que necesitaba ayuda y tomó una importante decisión.

Proyectar y construir el primer robot le llevó a Teddy un mes. Si hubiera contado con los recursos de su civilización, todo habría sido más rápido y el resultado, más satisfactorio. Su primer **autómata** era **rudimentario** y simple, pero aun así habría dejado boquiabiertos a los especialistas terrestres en robótica.

Teddy le dio al robot un aspecto humanoide: era un hombre metálico de casi dos metros de altura y superficie dorada. En apariencia tenía dos manos, aunque de su torso podían salir todo tipo de extremidades articuladas.

En una caverna subterránea, a la que sólo se tenía acceso por el cráter de un volcán apagado, instaló Teddy su factoría. Y la primera tarea del nuevo robot dorado fue construir una **réplica** de sí mismo. Luego, entre los dos, construyeron nuevos robots. Dos, cuatro, ocho, dieciséis... Al cabo de unos meses, miles de robots pululaban por un inmenso sistema de galerías y cuevas subterráneas.

autómata: máquina que imita los movimientos humanos para hacer determinadas tareas; robot.
rudimentario: muy sencillo, poco desarrollado.
réplica: reproducción exacta de algo; copia, duplicado.

Y un buen día, los hombres de oro, como serían llamados más tarde, salieron a la superficie. Fue como si el viejo volcán entrara en erupción y arrojara sobre el planeta una interminable lluvia dorada que se iba dispersando a los cuatro vientos. Los autómatas, gracias a sus dispositivos antigravedad, se deslizaban por los aires en formaciones perfectas y silenciosas.

Algunos de los hombres de oro fueron a visitar a médicos y a directores de hospitales, y les explicaron cómo vencer las diferentes enfermedades.

Otros visitaron a los gobernantes y les dijeron lo que ya sabían de sobra: que había que terminar con la miseria, con las guerras y con el deterioro del planeta.

Y otros, por fin, se dedicaron a pasear por las calles y a hablar con los atónitos **viandantes**, a los que convencieron de que había que cambiar el mundo.

No hubo pánico. Hubo estupor, inquietud, desconcierto. Pero no pánico.

No obstante, alguien sí pareció temer las acciones que llevaban a cabo los hombres de oro. Así, en varios países, el ejército fue movilizado contra los robots, y algunos fueron destruidos. Pero constantemente llegaban otros nuevos, procedentes de la factoría subterránea, para sustituir a los caídos en su tarea de mejorar el mundo.

Y lo que decidió la rápida victoria de los hombres de oro fue que, en todas partes, la gente estaba a su favor y apoyaba su extraordinaria labor. Porque los robots, activos las veinticuatro horas del día, curaban a los enfermos, alimentaban a los hambrientos, ayudaban a los necesitados y atendían cuantas peticiones razonables les eran formuladas.

Y al fin, Teresa fue realmente feliz, de la única forma en que es posible serlo. Porque en un mundo como el que había sido la Tierra anteriormente, sólo los **necios** podían sentirse satisfechos.

CARLO FRABETTI

viandantes: personas que van andando por la calle; peatones.
necios: ignorantes, imprudentes o faltos de razón.

REGISTRO DE LECTURA

1. Elige y completa.

Cristina esperaba encontrar ________, pero encontró ________

2. Explica.

- ¿Por qué el extraterrestre se hizo pasar por Papá Noel?
- ¿Cómo descubrió Teresa que era un extraterrestre?

3. ¿Quién es Teddy? Escribe el número que corresponde.

1

2

3

4. Copia sólo lo que sea verdadero.

- ☐ El extraterrestre se llevó a Teresa con él en su astronave.
- ☐ El extraterrestre dejó sola a Teresa.
- ☐ El extraterrestre regaló a Teresa un robot nodriza.
- ☐ Teddy se ocupó de cuidar de Teresa.
- ☐ Teddy se ocupó de que Teresa no sufriera.

5. ¿Quiénes son? ¿Qué hicieron? Cuenta.

▶ ¿Cómo consiguió Teresa ser feliz por fin? Explica.

Jesús y la oveja negra

Hoy, el pastor Eliacer,
cenceño y barbicastaño,
quiere reunir el rebaño
antes del amanecer.

Para acercarse a Belén,
donde dicen que el Mesías
ha nacido hace dos días
y darle su **parabién**.

Mas anda muy enfadado.
Mirando al cielo se queja:
«¿Adónde ha ido esta oveja
que no está por ningún lado?

No sigue jamás al **hato**
y va con su negra lana
adonde le da la gana,
sin hacer caso al silbato».

Después de mucho trajín,
mirando a una mariposa,
sobre una rosa muy rosa,
da con la oveja por fin.

Y por el **algarrobal**,
con el rebaño completo,
cogiendo algún **vericueto**,
llega Eliacer al portal.

Al ver el pesebre-cuna
pega una oveja un balido.
El niño recién nacido
parece un rayo de luna.

Pero llora sin parar.
María está preocupada:
en toda la madrugada
no ha dejado de llorar.

Por calmarlo y por si acaso,
Eliacer le da al infante
su oveja blanca radiante
y el niño no le hace caso.

Él sigue con su rabieta;
no descansa ni un segundo:
¡es el más llorón del mundo!
María está tan inquieta…

En esto, la oveja negra
se acerca y le da al bebé
un lametón en un pie,
y el Niño Jesús se alegra.

Soltando una carcajada,
Jesús achucha a la oveja,
le da un beso en una oreja,
la tiene un rato abrazada…

Porque esta oveja distinta,
que no le gusta a la gente
sólo por ser diferente
y por tener rara pinta…,

al Niño que está en la cuna
le gusta más que ninguna.

CARMEN GIL

cenceño: muy delgado.
parabién: felicitación.
hato: rebaño.
algarrobal: campo sembrado de algarrobos.
vericueto: lugar por el que es difícil caminar.

Solsticio de invierno

La Luna, hielo;
la Estrella Polar,
jureles de escarcha
nadan por la mar.
Todo ha enmudecido:
¡Algo va a pasar!
De tan larga noche,
la luz brotará
como una naranja
en el naranjal.
Ha roto el silencio
un niño al llorar.
¡Qué olor de **alhucema**
viene del portal!

ANA ROSSETTI

TALLER

1. Completa para continuar el poema *Jesús y la oveja negra*.

hormiguita	alegría	pie	ascuas

Y entonces dijo María,
más contenta que unas pascuas:
–Dejo de estar sobre ____________
 y sólo siento ____________

Esta oveja morenita
es más dulce que la miel.
Sus cosquillas en el ____________
son dignas de una ____________

alhucema: planta aromática también conocida como espliego o lavanda.

¡Oh no, otra vez Caperucita!

PERSONAJES

- MADRE
- CAPERUCITA
- ABUELA
- LOBO
- CAZADOR
- DIRECTOR
- NARRADORA
- PETER PAN
- CAMPANILLA

AMBIENTACIÓN

La acción se desarrolla en dos lugares que precisan algunos elementos que los identifiquen. El primero es el bosque. Para recrearlo, se confeccionará un panel de fondo con árboles pintados. El resto de los árboles estará representado por varios niños que no tendrán voz en la obra, pero sí realizarán movimientos escénicos detrás de Caperucita.

El segundo lugar es la casa de la abuelita. Bastará un decorado elemental con una mesa, unas sillas y una baraja de cartas. Asimismo, aparecerán algunos objetos, como un teléfono, una cadena de música o un televisor, que delaten la modernidad inequívocamente.

Los personajes de *Caperucita Roja* aparecerán caracterizados como en el cuento. Caperucita, además, deberá contar con una cazadora negra, de cuero. Por su parte, la escopeta del cazador, así como la de la madre para el momento en el que se disfraza con un bigote postizo, serán de juguete y de colores chillones.

El director podrá aparecer con cierto aire intelectual y con gafas. La narradora tendrá un aspecto alegre, juglaresco, que puede conseguirse con cascabeles y cintas prendidas en su traje o en su gorro, por ejemplo. Peter Pan tendrá el aspecto más parecido posible a su imagen conocida. Campanilla, como hada voladora, no aparecerá en el escenario; sólo se escuchará su voz en *off*.

(Al abrirse el telón, los personajes estarán deambulando por el escenario vacío, sin darse cuenta de que el público ya está allí y la función ha comenzado.)

MADRE. *(Moviéndose deprisa por el escenario, completamente despeinada.)* ¿Alguien ha visto la laca del pelo?

CAPERUCITA. *(Parándose en el centro del escenario, todavía a medio vestir.)* Mi zapato, mi zapato… ¿Dónde estará mi zapato? ¡Que alguien me ayude!

MADRE. Siempre igual. *(Le da el zapato.)* Toma, deberías tener más cuidado. *(Mirando a CAPERUCITA con atención.)* No pensarás salir con eso. *(Señalando una cazadora de cuero negro que lleva CAPERUCITA bajo el brazo.)*

CAPERUCITA. ¿Por qué? ¡Con lo que se lleva esta temporada el negro!

MADRE. ¡No creo que el Director te deje!

(En ese momento entra el DIRECTOR en escena, seguido por el LOBO, el CAZADOR y la ABUELITA. CAPERUCITA y la MADRE se unen al grupo y rodean al DIRECTOR.)

ABUELITA. *(Enérgicamente.)* ¡Un aumento de sueldo! ¡Quiero un aumento de sueldo! Llevo siglos con el mismo sueldo…

LOBO. ¡Y yo, un año de vacaciones!

CAZADOR. Y yo, un final diferente.

DIRECTOR. ¿Y un jamón? ¿No queréis un jamón?

CAPERUCITA. Ya que nos ponemos a pedir, yo quiero vestuario nuevo.

MADRE. *(Al principio tímidamente, pero después con exigencia.)* Pues… a mí me gustaría… ¡un papel más largo! Tengo muy pocas frases…

DIRECTOR. Pero… ¿os habéis vuelto locos? Esto es una función de aficionados…

LOBO. O nos das lo que pedimos o…

DIRECTOR. ¿O qué?

ABUELITA. ¡O vamos a la huelga!

DIRECTOR. *(Alterado.)* ¿Me estáis amenazando? ¡Personajes! ¡Que sois unos simples personajes! A ver, ¿qué vais a hacer vosotros?

ABUELITA. Podemos, podemos…

CAZADOR. Podemos cambiar… la historia.

(En este momento, todos los personajes se dan cuenta de la presencia de los espectadores.)

CAZADOR. *(Tirando de CAPERUCITA hacia un lado.)* ¡Qué horror! ¡Si ya están ahí!

CAPERUCITA. Y yo con esta pinta. *(Desaparece junto con el CAZADOR y la MADRE.)*

LOBO. ¡Corre, abuela!

(Se cierra el telón. Las tres intervenciones siguientes se escucharán como voces en off.*)*

LOBO. ¡Qué nervios! Y yo sin repasar mi papel. *(Histérico.)* ¡No me sé el papel!

ABUELITA. *(Al LOBO.)* No debes preocuparte tanto. Sólo tienes que decir… ¡auuu!

CAZADOR. ¡Oh, cielos! El público me mira mal. ¿No os habéis dado cuenta de cómo me miraban?

(Sale el DIRECTOR de detrás del telón, empujando a la NARRADORA.)

DIRECTOR. Venga, ahora tú los entretendrás un rato. *(A gritos mientras se retira detrás del telón.)* Cuenta cualquier cosa mientras terminan de prepararse.

NARRADORA. *(Apurada.)* ¡Hola! ¿Cómo están ustedes? *(En voz baja.)* No, no. Eso ya está muy visto… *(Subiendo el tono.)* Bien, damas y caballeros… *(Ahora repara en el público infantil.)* Bueno… Aunque estas damas y estos caballeros son un poco bajitos… ¡todavía! *(Resueltamente.)* Queridos niños y niñas, estamos aquí para ver la historia más maravillosa jamás contada… Única, nueva… ¡Caperucita Roja! *(Cambiando de tono.)* ¿Cómo? ¿Que la conocen? ¿Tú la conoces? ¿Y esa niña también? *(Con tono de seguridad.)* ¡Imposible! Será otra Caperucita, porque la nuestra es roja; la que conocéis vosotros será verde o naranja. Eso, naranja, que se parece mucho al rojo… En cualquier caso, una imitación, porque la verdadera historia es la que van a presenciar a continuación.

(La NARRADORA realiza una profunda reverencia y se queda a un lado del escenario. Se abre el telón de nuevo, que deja ver el bosque.)

CAPERUCITA. ¡No, no y no! *(Señalando la capa con caperuza que tiene su madre en las manos.)* Paso de ponerme esa cosa tan horrorosa y tan pasada de moda.

MADRE. Pero… Caperucita, hija, si es muy mona. ¡Verás qué bien te sienta!

CAPERUCITA. ¡No me vas a convencer! Estoy harta de tener que salir con ese capuchón colorado en la cabeza… ¡Parezco un bolígrafo!

MADRE. *(Poniéndole la capa.)* Vamos, nenita, que vas a llegar tarde. *(Le da la cesta que tiene en la mano a CAPERUCITA.)* Ten, lleva esta cesta…

CAPERUCITA. *(Con sorna.)* …a tu abuelita, que vive al final del bosque, y se encuentra enferma, la pobrecita… *(Hurga en la cesta. Extrañada.)* Pero… ¿qué has metido en la cesta?

MADRE. Lo de siempre: miel, tortitas, pastas, huevos, embutidos…

CAPERUCITA. ¡Vas a conseguir que le suba el colesterol! ¿Y qué tiene ahora la abuelita?

MADRE. Poca cosa: artritis reumatoide, ciática y artrosis múltiple. Está en la cama, no se puede mover la pobrecita. *(Empuja suavemente a CAPERUCITA.)* Vamos, que se va a hacer de noche.

(CAPERUCITA hace como si caminara, pero sin moverse de su sitio. Mientras, los niños vestidos de árboles se mueven en círculo, detrás de ella. La MADRE se despide con la mano.)

MADRE. *(Gritando, a la vez que desaparece de escena.)* ¡Cuidado con el malvado lobo!

NARRADORA. *(Vuelve al centro del escenario y se dirige al público.)* Y así, ya lo ven, la pobre, desvalida e ingenua Caperucita corre muerta de miedo y va derechita a casa de su abuela, temerosa de encontrar al lobo feroz.

(Los árboles cesan de girar y CAPERUCITA comienza a buscar entre ellos.)

CAPERUCITA. ¡No lo encuentro! ¿Dónde se habrá metido? *(Contrariada.)* Cada vez es más inútil. ¡Vamos a tener que buscar una solución! No sé… Habrá que llamar al Duende Verde, a Magneto o al Doctor Octopus. ¡Esos sí que son malos!

(En este momento encuentra a PETER PAN, escondido tras un árbol.)

CAPERUCITA. *(Sorprendida.)* Pero, Peter, ¿qué haces aquí? Te has equivocado de cuento. Esto no es el País de Nunca Jamás.

PETER PAN. *(Llevándose un dedo a la boca.)* ¡Chist! *(Mirando a todas partes antes de salir.)* Me persiguen. Me he cambiado de cuento para despistar.

CAPERUCITA. ¿Se han puesto peor las cosas entre ese pirata manco y tú?

PETER PAN. No… ¡Ojalá! Son ellas las que me persiguen.

CAPERUCITA. ¿Ellas?

PETER PAN. Sí. Wendy, Campanilla, la princesa Triguidia y hasta las sirenas… Se han vuelto locas y quieren que me decida.

CAPERUCITA. *(Le guiña un ojo.)* Tal vez, Peter, deberías cambiar de aires… Digo, de cuento. Este bosque es muy tranquilo… y sólo yo sabría que estás aquí.

PETER PAN. ¿Y crees que habría algún papel para mí en tu cuento?

CAPERUCITA. Precisamente, antes de encontrarte, estaba pensando en sustituir a un personaje… Claro que tendríamos que hacer algún cambio en la historia, pero eso es lo de menos. Al fin y al cabo, la protagonista soy yo.

LOBO. ¡Auuu… Auuu! *(Irrumpe en escena.)* ¿Adónde vas Caperucita? *(Se percata de la presencia de PETER PAN.)* ¿Y éste qué hace aquí?

CAPERUCITA. Es Peter, ¿no os conocéis? *(Volviéndose a PETER PAN.)* Pues… precisamente éste es el papel del que te hablaba… Claro que habría que hacer algunos arreglillos… Pero tú de eso no te preocupes, el director hace lo que yo digo. ¿Qué te parece si nos tomamos la merienda de la abuelita?

LOBO. Bueno… ¡esto es el colmo! ¿Quieres invitarlo a merendar, Caperuza? Y además, ¿quieres sustituirme por este duendecillo verde?

CAPERUCITA. *(Mirando al LOBO.)* Sí, es evidente, y no me llames Caperuza.

LOBO. Con lo… con lo… feroz que soy yo…

CAPERUCITA. *(Mirándolo con cara de asco.)* Por eso mismo.

(Suena una voz chillona en off*, acompañada de un zumbido. Es CAMPANILLA. Los actores seguirán sus invisibles movimientos con la cabeza, de forma ostensible.)*

CAMPANILLA. Te encontré. ¡Así que cambiando de historia, para despistarme!

PETER PAN. *(Escondiéndose tras el LOBO.)* ¡Socorro! ¡Campanilla me ha encontrado!

CAPERUCITA. *(Encarándose, con los brazos en jarras, a CAMPANILLA.)* No tengas miedo de esa mosquita.

CAMPANILLA. *(Voz en* off *indignada.)* ¿Mosquita yo? ¿Mosca yo? Ahora verás.

CAPERUCITA. *(Corre por el escenario, supuestamente perseguida por CAMPANILLA.)* ¡Ay! ¡Ay! Y que sepas que Peter se va a quedar en este cuento conmigo.

CAMPANILLA. *(La voz en* off *se dirige a PETER PAN.)* A ti ya te ajustaré las cuentas.

PETER PAN. *(Al LOBO.)* ¡Ayúdame! Es una fiera.

LOBO. *(Separándose de PETER PAN.)* ¡Ah! A mí no me metas en esto.

(La NARRADORA hace gestos con la mano sobre el enfado de CAMPANILLA.)

CAMPANILLA. *(Encarándose con la NARRADORA.)* ¿Y tú qué miras?

NARRADORA. *(Echándose hacia atrás para no meterse en líos.)* ¿Yo? Yo no tengo nada que ver. Sólo pasaba por aquí.

(Asoma la cabeza por el lateral izquierdo el DIRECTOR y llama la atención de la NARRADORA.)

DIRECTOR. *(A la NARRADORA, que se acerca.)* ¡Chist! ¡Chist! ¿Pero qué es esto? ¡Haz algo! Saca a esos dos de escena. ¡Me van a arruinar la obra!

NARRADORA. *(Saca un pito y hace ademanes de policía de tráfico.)* ¡Piii! Circulen, circulen, por favor. *(Hace gestos a PETER PAN y a la invisible CAMPANILLA, para que se vayan.)* Y vosotros *(A CAPERUCITA y el LOBO.)*, a lo vuestro. ¡Piii!

CAMPANILLA. Sin empujar, ¡eh! Sin empujar.

DIRECTOR. *(Tirando de PETER PAN.)* ¡Vamos, hombre! Digo, duende, hay que tener valor. Los problemas no se arreglan cambiándose de cuento. *(Mientras salen de escena.)* Lo que debes hacer es… Y tú, a ver si dominamos ese genio.

NARRADORA. *(A CAPERUCITA y al LOBO.)* ¡Piii! Vamos, continúen. ¿Por dónde íbamos…? ¡Ah sí! *(Al LOBO.)* Ahora tú le dices eso de «¿Adónde vas, Caperucita?». Y tú *(A CAPERUCITA.)*: «A casa de mi abuelita». *(Se retira al lateral derecho.)*

LOBO. ¡Eso, eso! ¡Vamos a seguir! *(Con gestos muy teatrales.)* ¿Adónde vas…?

CAPERUCITA. *(Amenazando al LOBO con la cesta.)* ¡Ni se te ocurra continuar! Tú y yo nos veremos las caras en casa de mi abuela.

LOBO. Pero Caperuza…

CAPERUCITA. ¡Cuántas veces te he dicho que no me llames Caperuza!

LOBO. Entonces, ¿no me invitas a tortas?

CAPERUCITA. ¿Tortas? ¡Tortas las que te voy a dar!

LOBO. *(Cubriéndose la cabeza con las manos.)* No te enfades. Ya me voy, ya me voy. Pero no hemos aclarado por qué camino vamos a la casa de la abuela. Tú por el más corto y yo por el más largo. ¿O era… yo por el más corto y tú por el más largo? ¡Me he hecho un lío!

CAPERUCITA. Da igual. En este cuento todos los caminos llevan a casa de mi abuela.

LOBO. ¿Entonces…?

NARRADORA. ¿Por qué no pruebas a seguir el camino de baldosas amarillas? No tiene pérdida.

LOBO. *(Saliendo por el lateral derecho.)* Estupendo, aunque no sé por qué creo que eso no es de este cuento.

(Se cierra el telón. Quedan delante de él la NARRADORA y CAPERUCITA.)

CAPERUCITA. *(A la NARRADORA.)* Este lobo está cada vez peor. ¡Trescientos años haciendo lo mismo y ahora se le olvida! *(Se acerca a la NARRADORA y deja la cesta en el suelo.)* ¿Y qué, cómo va la noche? ¿Le está gustando la función al público?

NARRADORA. *(Haciendo gestos de regular.)* ¡Pche! Aquel niño no para de comer chicle… Ese otro se muerde las uñas…

CAPERUCITA. A lo mejor es muy moderno para ellos y con mucho mensaje, ¿no?

DIRECTOR. *(Asomando la cabeza por el telón.)* ¿Es que no pensáis dejar de charlar? ¿Tú no tenías que estar ya en casa de tu abuela? Y tú *(A la NARRADORA, mientras tira de ella y desaparecen los dos tras el telón.)*, ven, que tengo que hablar contigo.

CAPERUCITA. ¡Ay, qué tarde se me ha hecho! *(Coge la cesta y llama con la mano en el telón.)* ¡Pom, pom!

ABUELITA. *(Voz en* off.*)* ¿Quién es?

CAPERUCITA. *(Levantando la voz.)* Soy yo, tu nieta Caperucita.

ABUELITA. (*Voz en* off.) Pasa, la puerta está abierta.

(Al abrirse el telón, se ve la casa de la abuelita, con la ABUELITA y el LOBO, sentados, jugando a las cartas.)

ABUELITA. *(Con alegría.)* Ya llega la merienda.

CAPERUCITA. *(Levantando la voz.)* Pero… ¿qué hacéis?

ABUELITA. No me grites, que no estoy sorda. ¿Te echas una partidita con nosotros?

CAPERUCITA. *(Se sienta y deja la cesta en el suelo.)* ¿A qué jugáis?

LOBO. Al julepe, Caperuz…

CAPERUCITA. *(Levanta un dedo y el LOBO no continúa.)* De acuerdo. Preparaos, porque voy a ganar.

LOBO. ¿Qué tal si picamos algo?

CAPERUCITA. Me parece bien. *(Saca algunas cosas de la cesta y las reparte.)*

NARRADORA. *(Aparece en escena y mira hacia un lateral.)* Entendido, jefe. Sí, reconducir la obra. *(Se dirige hacia la mesa, pero mira hacia el público.)* Entonces, la inocente niña descubre que el perverso lobo ha devorado a su abuelita y…

ABUELITA. Pero… ¿qué tonterías estás diciendo?

LOBO. ¡Comerme yo a la abuela y a Caperucita!

CAPERUCITA. *(Invitando a la NARRADORA.)* Anda, siéntate a echar una partidita con nosotros y olvídate del cuento.

NARRADORA. No sé si debo… El director me ha amenazado con dejarme sin sueldo si no consigo… *(Sentándose.)* Bueno, sólo un minuto…

LOBO. *(Le ofrece algo de comer.)* ¿Quieres?

NARRADORA. No, gracias. Prefiero una pastita. *(Ella misma se sirve.)*

(Entra el CAZADOR repentinamente y apunta al LOBO con su escopeta.)

ABUELITA. Ya está aquí este aguafiestas.

CAZADOR. *(Para sí.)* Aquí tampoco me quieren.

LOBO. *(Se levanta de la mesa con las manos en alto.)* Esto no es lo que parece. Yo no pienso comerme a nadie. Soy un lobo, sí, pero vegetariano.

NARRADORA. Es cierto. Sólo estábamos pasando el rato amigablemente.

CAPERUCITA. *(Intentando detener al CAZADOR.)* Los tiempos han cambiado y ya nadie va por ahí merendándose a las abuelas.

(Gestos de aprobación del LOBO, que pone cara de asco al oír las últimas palabras.)

ABUELITA. Además, siempre ha existido una mala interpretación. Este pobre y mal nutrido animal lo que quería era hacerse con la cesta de la merienda.

CAZADOR. Pero si a mí no tenéis que darme explicaciones… Precisamente venía a deciros que estoy harto de tener que andar por ahí pegando tiros.

ABUELITA. Pues no se hable más. ¿Una partidita?

CAZADOR. Y una pastita, que vengo muerto de hambre. Mmm… Están riquísimas.

(Irrumpe violentamente la MADRE, disfrazada de cazador, con una escopeta y bigote. Estupor general en el grupo.)

MADRE. Que nadie se mueva. Menos mal que he llegado a tiempo. ¡Arriba las manos, digo las patas, lobo! Ha llegado tu hora. No consentiré que te comas a ningún inocente.

CAPERUCITA. ¿Y éste quién es?

CAZADOR. Está claro que yo no soy. *(Al público.)* Yo estoy aquí. Ustedes lo ven.

ABUELITA. Será algún cazador aficionado. El bosque está lleno.

NARRADORA. Cada día hay más intrusismo. Todas las profesiones están llenas de gente que no está autorizada para…

MADRE. ¡Ya está bien de cháchara! Y tú *(Al CAZADOR.)*, ¿qué haces confraternizando con el lobo? ¿Por qué no lo liquidas?

CAZADOR. Te equivocas. ¡Si no es más que un pobre animal perseguido que…!

MADRE. ¡Ahora comprende a nuestro torturador! *(Apunta al LOBO.)* ¡Menos mal que he venido yo!

DIRECTOR. *(Encolerizado.)* ¡Esto es el colmo! ¡Dos cazadores! ¡Lo que faltaba! ¿Se puede saber quién es usted? *(Le quita el bigote postizo a la MADRE.)*

CAPERUCITA. ¡Mamá!

ABUELITA. ¡Hija!

MADRE. *(Llorando.)* Mi papel es muy corto. Todo el día cocinando, para luego decir sólo un par de frases.

CAZADOR. *(Pasando el brazo por los hombros de la MADRE mientras salen de escena.)* No sabes cómo te entiendo… Pero las armas no son la solución.

DIRECTOR. ¿Pero os habéis vuelto locos todos? ¿O es que queréis arruinarme?

(PETER PAN atraviesa la escena corriendo, seguido de la invisible CAMPANILLA.)

PETER PAN. Yo no quería huir de ti. Tú eres el hada de mi vida.

CAMPANILLA. *(Voz en* off.*)* ¡Ya te daré yo a ti!

DIRECTOR. ¡Esto es mi ruina! *(Baja al patio de butacas. A mitad de camino vuelve la cabeza.)* Se me olvidaba. ¡Estáis todos despedidos! ¡Despedidos!

LOBO. *(A la ABUELITA.)* Y ya que están así las cosas, ¿no crees que es hora de formalizar nuestra situación? ¿Qué tal te suena señora de Feroz?

ABUELITA. *(Dando el brazo al LOBO para salir de escena.)* Encantada, querido. Creí que no me lo ibas a pedir nunca.

CAPERUCITA. *(Desolada y al borde del llanto.)* Se han ido todos. Estoy sola. Nunca me había sentido así desde que Perrault me lanzó a la fama. Aquí ya no tengo nada que hacer. ¡Telón! ¡Telón!

(Se cierra el telón y queda delante, sola en escena, la NARRADORA, desconcertada.)

NARRADORA. *(Al público, intentando aparentar normalidad.)* Bueno, y hasta aquí la historia de Caperucita Roja y el Lobo Feroz. La auténtica, la genuina, la inimitable… Espero que les haya gustado.

(CAPERUCITA aparece con una maleta. La NARRADORA lo advierte.)

NARRADORA. Pero Caperuz… *(Se da cuenta de que ese nombre le molesta y no continúa.)*

CAPERUCITA. *(Mira a la NARRADORA.)* No te preocupes, ya me da igual. Me voy.

NARRADORA. *(Cogiendo la maleta de CAPERUCITA.)* Pero, mujer, no te pongas así. No es para tanto. *(Entran y terminan de hablar detrás del telón.)* Tú lo que necesitas son unas vacaciones en algún lugar lejano. Por ejemplo, en Siberia o en el Polo Sur… No, demasiado frío. Bueno, ya pensaremos algo.

CAPERUCITA. *(Voz en* off.*)* ¿Tú crees que unas vacaciones solucionarán mis problemas?

NARRADORA. *(Voz en* off.*)* Seguro. Ya verás… El estrés es muy malo. Tienes que relajarte…

M.ª JESÚS BAJO

6 El abuelo Arcadio

Mi abuelo Arcadio era muy alto. Y olía siempre a limpio, como las ramas de los árboles en primavera. Tenía los ojos grandes y un poco tristes. Sus orejas, sus manos, su boca y sus pies también eran grandes.

Mi madre me decía con frecuencia:

–Tu abuelo tiene un corazón que no le cabe en el pecho.

Cuando yo era pequeño, esperaba a que se quedara dormido después de comer, leyendo el periódico en su sillón, para ver si se le salía el corazón por la camisa o por el chaleco de lana. Pero nunca lo vi. Sí lo oía respirar tan profundo que el aire en su pecho parecía una tormenta, y por eso roncaba y a veces tosía.

Mi abuelo Arcadio se había venido a vivir con nosotros cuando se murió mi abuela Adela.

–Yo creo que mi padre debe de sentirse muy solo en su casa –**insinuó** un día mi madre.

–Pues que se venga a vivir aquí con nosotros, si quiere –respondió mi padre–. Podemos preparar una habitación para él.

Y entre todos convencimos al abuelo de que se trasladase a vivir a nuestra casa. Así estaría más acompañado.

Su habitación estaba junto a la mía. Yo me sentía seguro sabiendo que lo tenía tan cerca de mí. Pasaba mucho tiempo con él. A veces, mi abuelo me ayudaba en las tareas del colegio, sobre todo en Lengua y en Sociales. Con él aprendí a conjugar los verbos regulares e irregulares, aprendí a distinguir las clases de sustantivos y de adverbios, aprendí también a situar en el mapa los ríos, los continentes, las capitales de Europa y los océanos. Él me enseñó a hacer crucigramas.

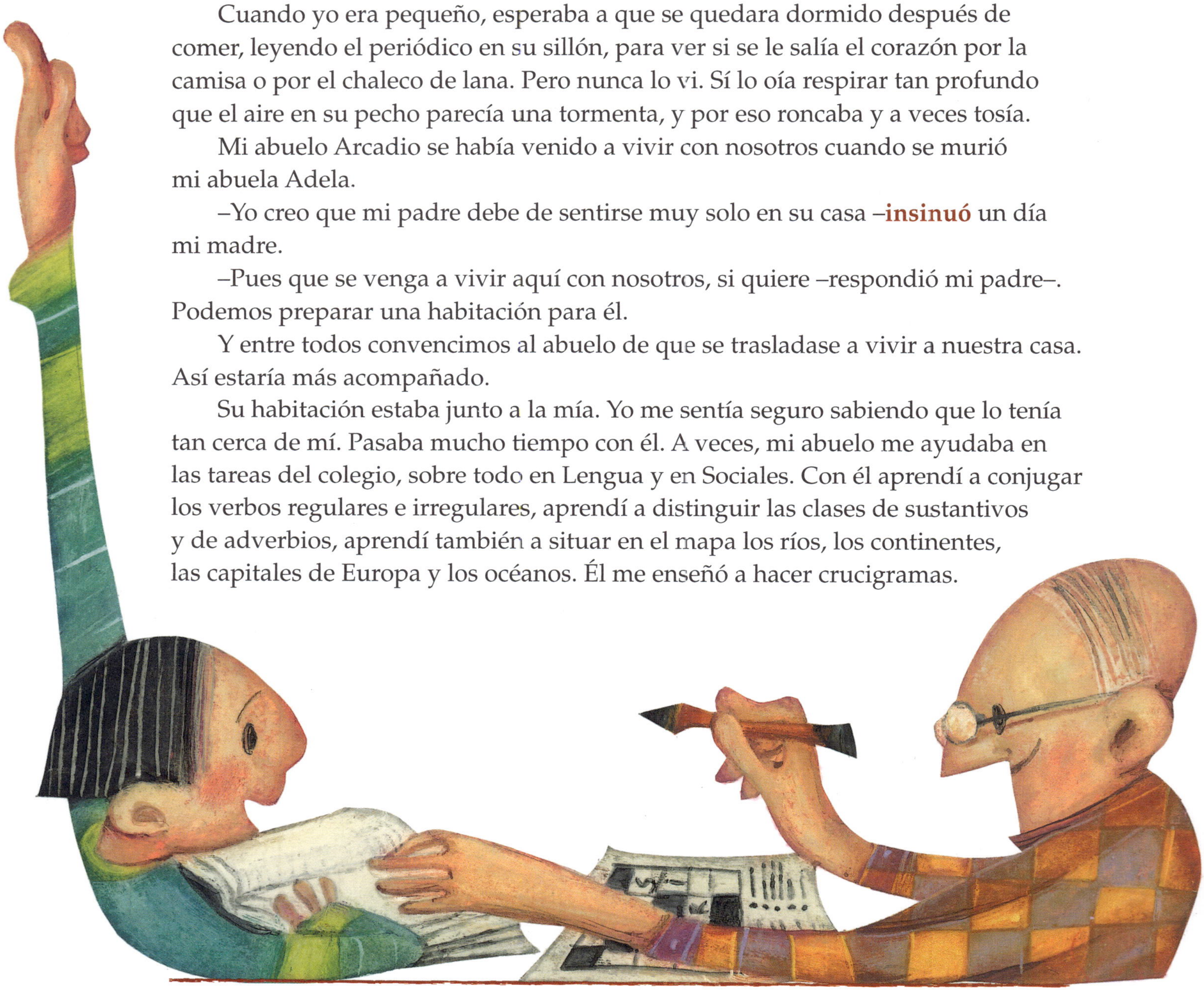

insinuó: dio a entender algo sin decirlo abiertamente.

Una tarde, después de comer, como de costumbre el abuelo ocupó su sillón, cogió el periódico, lo abrió y se quedó dormido. Yo me acerqué para recoger el periódico de su regazo. Él seguía durmiendo profundamente. Me fui a mi cuarto a preparar unas láminas de dibujo para la clase de Plástica.

Al rato, mi madre entró en mi habitación. Me pareció que estaba muy pálida, nerviosa. Tenía los ojos como de haber llorado. Me miró y me dijo:

–Esta noche te irás a dormir a casa de la tía Aurora.

–¿Por qué? –le pregunté.

–Porque tu padre y yo tenemos que hacer algunas cosas.

–¡Yo me quedo con el abuelo! –repliqué.

–¡Tú te vas ahora mismo a casa de tu tía Aurora y no se hable más! ¿Está claro?

Comprendí que no iba a poder convencer a mi madre, así que no seguí discutiendo. Aunque no entendía por qué no podía quedarme en casa. Otras veces, cuando mis padres salían por la noche o incluso cuando se iban de viaje un fin de semana, yo me quedaba con el abuelo.

Con mi tía Aurora estuve dos días. Cuando volví a mi casa, no estaba ya mi abuelo Arcadio. Su sillón también había desaparecido. Sin embargo, la casa olía a él.

–¿No habréis dejado que el abuelo se vuelva a su casa? –pregunté muy extrañado a mis padres.

Los ojos de mi madre se llenaron de lágrimas. Mi padre se acercó a mí y me abrazó. Ambos guardaron silencio.

De pronto, lo comprendí todo. El abuelo ya no estaba con nosotros. Entonces me acerqué a mi madre y ella me estrechó entre sus brazos un largo rato.

Durante mucho tiempo estuve entrando en la habitación de mi abuelo sin atreverme a tocar nada. Todo estaba en su sitio: sus gafas sobre la mesilla, su reloj de pulsera junto al diccionario que utilizaba para hacer los crucigramas, su bufanda marrón echada sobre el respaldo de la silla, el retrato de la abuela Adela encima de la cómoda. En el ropero colgaban sus camisas, sus chaquetas y su abrigo. Yo notaba que él estaba aún allí.

Cierto día, después de comer, me decidí. Mis padres estaban recogiendo la mesa. Fui a la habitación del abuelo y abrí el ropero con cuidado. La puerta chirrió. Me detuve unos instantes. Después la abrí del todo y empecé a **escudriñar** entre su ropa. No sabía bien lo que buscaba en los bolsillos de los pantalones y de las chaquetas. Su ropa olía como las ramas de los árboles en primavera. Metí la mano en uno de los bolsillos de su abrigo. En el fondo encontré un sobre. ¿Qué tendría dentro?

Descubrí que en el sobre estaba escrito mi nombre y lo cogí. Estaba muy nervioso. El corazón me golpeaba con tal fuerza que parecía que se me iba a salir del pecho. Cerré el armario. Salí de la habitación y me fui a la mía. Abrí el sobre con cuidado. Saqué la hoja que contenía y leí:

«Querido Álex, después de la muerte de tu abuela Adela, tú has sido mi alegría en estos años. Mientras me recuerdes, yo estaré vivo. No me olvides.»

Todavía hoy guardo la carta de mi abuelo Arcadio como mi objeto más **preciado**.

MANUEL JURADO

escudriñar: mirar o examinar algo con mucha atención.
preciado: muy estimado, que tiene mucho valor.

REGISTRO DE LECTURA

1. Contesta.

- ¿Cómo era físicamente el abuelo Arcadio?
- ¿Cuándo se fue a vivir el abuelo Arcadio a casa de Álex?
- ¿Qué hacía siempre el abuelo Arcadio después de comer?
- ¿Qué aprendió Álex con su abuelo?

2. ¿Qué quiere decir? Lee y marca.

☐ Tiene muy buen corazón.

☐ Tiene una enfermedad de corazón.

▶ ¿Qué creía Álex, cuando era pequeño, que quería decir esa expresión? Explica.

3. Lee y explica lo que ocurrió entre estos dos momentos de la historia.

4. ¿Qué pasó después? Observa y escribe.

Érase de un marinero

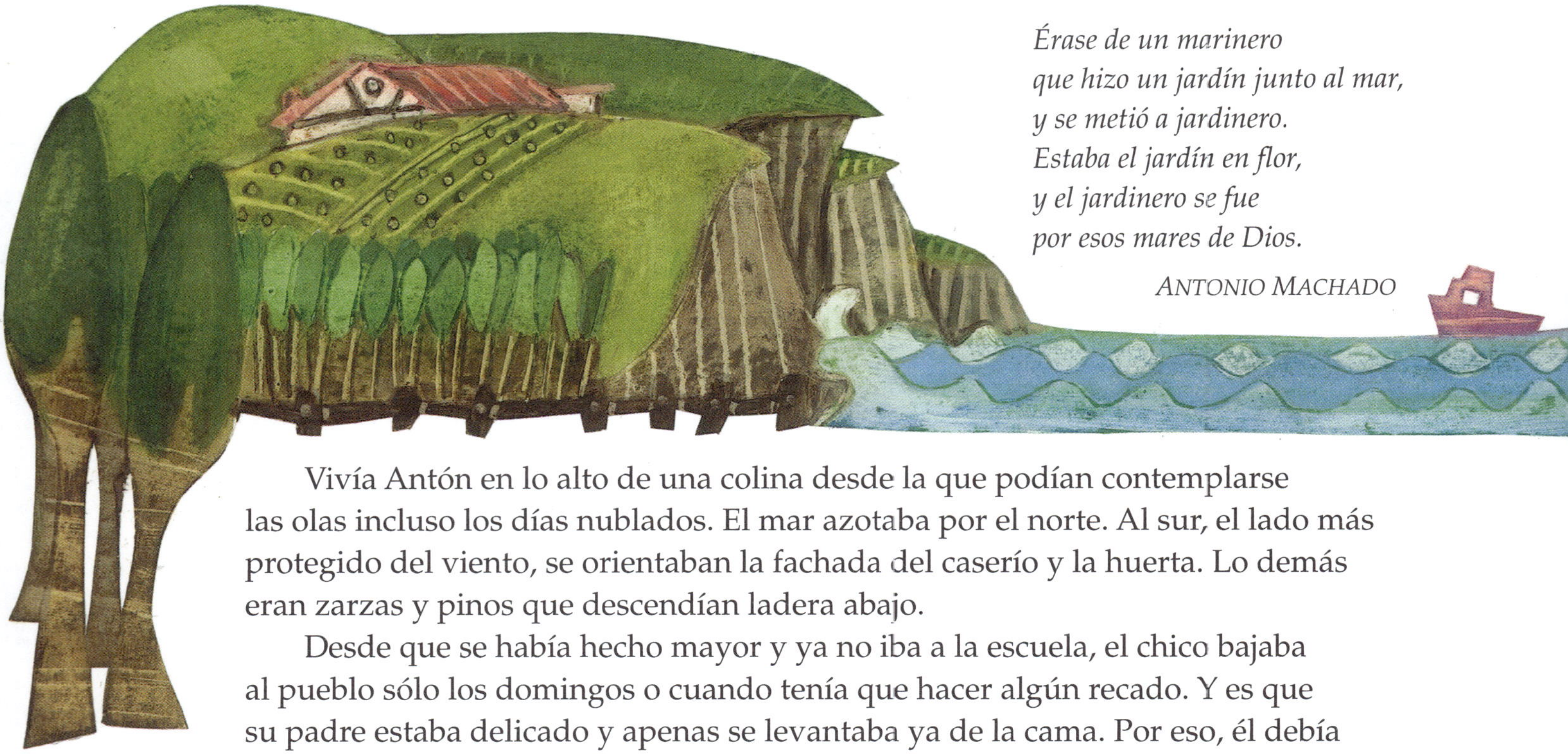

Érase de un marinero
que hizo un jardín junto al mar,
y se metió a jardinero.
Estaba el jardín en flor,
y el jardinero se fue
por esos mares de Dios.

ANTONIO MACHADO

Vivía Antón en lo alto de una colina desde la que podían contemplarse las olas incluso los días nublados. El mar azotaba por el norte. Al sur, el lado más protegido del viento, se orientaban la fachada del caserío y la huerta. Lo demás eran zarzas y pinos que descendían ladera abajo.

Desde que se había hecho mayor y ya no iba a la escuela, el chico bajaba al pueblo sólo los domingos o cuando tenía que hacer algún recado. Y es que su padre estaba delicado y apenas se levantaba ya de la cama. Por eso, él debía ocuparse de las tareas domésticas, de los animales y de su padre enfermo. Siempre que tenía un rato libre, bajaba hasta el acantilado y se sentaba a solas frente al mar. El mar era lo que más le gustaba en el mundo.

–Hijo, creo que voy a morirme un día de éstos –le declaró su padre una tarde–. No me queda otro remedio.

Antón sólo se atrevió a preguntar:

–¿Cuándo será?

Su padre le explicó que, antes, debía darle unos cuantos consejos de esos que todo padre debe dar a un hijo.

–Mira bien a tu alrededor –le dijo–, verás que el mundo está bastante bien hecho, pero tienes que cuidarlo un poco…

–Sí, padre –asintió Antón.

–No me interrumpas, que ando mal de tiempo –protestó el enfermo, que tosió antes de seguir hablando–. Tienes que ayudar a los demás en lo que puedas, sobre todo a los más débiles. Sé humilde y no te des importancia.

Luego le explicó que le dejaba una salud robusta y una casa dotada de todo lo necesario para llevar una vida confortable.

–No se te ocurra venderla, ¿me has oído? Y cuídala. Cuida la casa, el huerto y los animales –le hizo prometer su padre antes de comenzar de nuevo a toser.

–Sí, padre. Lo que tú mandes.

–Y deja de soñar con el mar, que no te hace ninguna falta –le dijo también.

Al día siguiente, y también al atardecer, el padre volvió a hablar con Antón.

–Creo, hijo mío, que ya me puedo morir tranquilo. Pero recuerda bien mis consejos: sé generoso y humilde con los demás, sobre todo con los más débiles…

–Eso ya me lo dijiste ayer, padre –intervino Antón para que no le repitiese también que se olvidara del mar.

Porque él quería construir un barco y…

–¡Que no me interrumpas! –protestó el hombre muy enojado–. Hasta que me muera puedo decírtelo cuantas veces quiera, que para eso soy tu padre.

El chico no volvió a rechistar. Estaba dispuesto a escuchar el mismo soniquete las tardes que fuese necesario.

Unos días después, y a la misma hora, el padre de Antón murió, rodeado de amigos y vecinos.

Ese anochecer, Antón salió de la casa, se sentó en un tronco y, mirando el mar, lloró a solas durante un buen rato. Pero no tardó en aparecer por allí Ania, la vecina con la que había ido a la escuela durante toda su infancia.

–¿Por qué lloras? –le preguntó.

–Porque mi padre ya no está conmigo. Además, antes de morir me hizo prometer que cuidaría de la casa y de los animales… Ya nunca podré ser marinero.

Y le explicó a Ania, con todo detalle, las conversaciones que había mantenido con su padre, así como su secreta ilusión de recorrer mares y océanos.

–Yo podría cuidar de tu casa y de las vacas mientras estuvieras navegando –se ofreció generosa su amiga.

–¿Y del jardín también? –preguntó Antón.

–¿Del jardín? –preguntó extrañada–. ¿Te refieres a la huerta?

–No, no. Es un jardín. Ven a verlo.

Entonces, Antón se puso en pie y tendió una mano a su vecina. Camino del acantilado, entre zarzales y muy bien escondido, el chico tenía un pequeño jardín.

–¿A esto le llamas tú jardín? –se sorprendió la chica.

–De momento, sí… ¡Ya crecerá! –le dijo Antón con tranquilidad.

Rodeados de un pequeño cerco de piedras, había plantados tres geranios, un par de calas y una mata de hortensias aún sin flores.

–Si quieres que cuide tu jardín, deberás trasplantarlo junto a la huerta –le advirtió Ania–. No puedo bajar a regar aquí todos los días.

Así que, antes de hacerse marinero, Antón trasladó sus plantas delante de la casa, donde sus flores lucirían más. Uno de los geranios lo dejó en una lata, porque decidió que se lo llevaría con él para no sentirse tan solo durante su viaje.

Luego construyó una barca con troncos, la dejó caer por una pendiente hasta la playa, cargó provisiones para un largo viaje y se marchó mar adentro, sorteando las olas, mientras Ania le decía adiós desde la costa.

–¡Tráeme un regalo a tu vuelta! –dijo con toda la fuerza que pudo.

–De acuerdo –le gritó Antón desde su barca–. Y gracias, porque con tu ayuda podré cumplir la promesa hecha a mi padre. A mi vuelta nos casaremos.

Aquellas palabras hubieran hecho muy feliz a Ania, a quien lo que más le gustaba en el mundo no era el mar, sino el propio Antón. Pero el **bramido** del oleaje impidió que llegaran a sus oídos.

El barco de Antón era tan humilde como él. No se movía ni a motor ni a vela, sino empujado por las corrientes, hacia donde ellas quisieran llevarlo. Sólo disponía de una cabina de lona en **popa** para guardar las provisiones; el resto eran ilusiones, ansias de aventura y un geranio en una lata colocada en la **proa**. Por no llevar, ni bandera llevaba, pues Antón no entendía de leyes de navegación.

Al comienzo de su viaje, Antón se mareaba a menudo, a causa del oleaje y de su falta de costumbre. Hasta entonces, él siempre había creído que sólo había olas en la orilla. Y es que, a pesar de lo próximo que lo había tenido, Antón sabía muy poco acerca del mar.

Durante sus largas horas de soledad, Antón pensaba mucho en su padre. «Si me encuentro algún náufrago, podré salvarlo, ahora que ya soy lo que siempre he querido ser: un marinero», se decía, «y así podré seguir los consejos que él me dio antes de morir».

---

bramido: ruido producido por el mar cuando está muy agitado.
popa: parte trasera de una embarcación.
proa: parte delantera de una embarcación.

Pasaron los días yendo a la deriva y se le terminaron el pan y el queso. Pero Antón aún tenía algunas latas de conservas, salchichón y un tanque de agua.

Al geranio no le gustaba el agua marina y estaba cada vez más mustio. Antón tuvo que regarlo con el agua de una lata de guisantes, después de escurrirlos y ponerlos en un frasco por si más adelante le hacían falta.

¿Cómo iba a imaginar el chico que aquellos guisantes estaban aún vivos y dispuestos a germinar en el mismo frasco? Pues así fue. Al principio, el hecho lo sorprendió. Después les buscó una utilidad y decidió que le servirían de calendario. Por ejemplo, regaría su geranio cada vez que el tallo de los guisantes creciese un centímetro.

El día que advirtió que el frasco se le quedaba pequeño a aquella **intrépida** mata de guisantes, cogió un poco de tierra del geranio y plantó los guisantes en otra lata, para que siguieran creciendo como una enredadera. «¿Acaso no era una manera de ayudar a los más débiles?», se preguntó en su soledad.

Los largos días de navegación fueron haciendo crecer el pelo del marinero, los tallos de los guisantes y las ramas sin flores del geranio. Mientras, las corrientes marinas lo habían alejado cientos de kilómetros del punto de partida. Antón tenía ganas ya de pisar tierra firme, de llegar a algún paraíso desconocido que coronase su aventura. Pero, de momento, sólo veía agua a su alrededor.

Lenta, pero imparable, la mata de guisantes había seguido echando ramas que acabaron cubriendo la cabina. Por su parte, el geranio crecía como un **mástil** erguido y sin flores. Antón se sentía satisfecho de su barco, que parecía engalanado para la fiesta de la Virgen del Carmen, según la vieja costumbre de los marineros.

Este pensamiento le hizo sentir nostalgia por no poder estar aquel año en la romería del pueblo y decidió que él, aun solo como estaba, celebraría la fiesta. Así que abrió varias latas de conservas y se dio un buen banquete. Después de aquella comilona, se quedó profundamente dormido.

---

intrépida: valiente, audaz.
mástil: cualquiera de los palos verticales de una embarcación que sirven para sostener las velas.

Cuando se despertó, Antón descubrió que el barco estaba **encallado** en la arena, frente a unas inmensas palmeras colmadas de trinos. Aquello era una isla.

–¿Hay alguien aquí? –voceó Antón desde la playa.

Con su inesperado grito, bandadas de pájaros multicolores salieron huyendo de entre las palmas para refugiarse isla adentro.

Entonces, el marinero dejó su barco **varado**, envuelto en la mata de guisantes, cogió el geranio y se dispuso a explorar aquel lugar. Ignoraba que se hallaba en un punto perdido en medio del Atlántico, en una isla desierta.

En el centro de la isla descubrió un maravilloso estanque de aguas cristalinas, rodeado de frondosa vegetación. Sobre la superficie flotaban numerosas plantas acuáticas de flores blancas. Era un lugar precioso. Decidió que allí, en la orilla, plantaría su geranio, para que nunca le faltase el agua. Los nenúfares le parecieron una perfecta compañía para su planta. Estaba seguro de que crecería y extendería sus ramas hasta ellos.

–Quédate aquí. Un día te harás adulto y echarás flores –le dijo con la ternura de un buen padre.

Luego, Antón recogió flores e hizo un bonito ramo para Ania. A su vuelta, se lo entregaría y le pediría que se casara con él. Y ya no quedaba mucho tiempo para que llegase ese momento, porque apenas le quedaban provisiones y había decidido regresar a casa. Así que se embarcó de nuevo, regó generosamente la mata de guisantes y se dispuso a recorrer el largo trayecto de vuelta.

---

encallado: que ha quedado inmovilizado porque el casco del barco toca rocas o arena donde hay poco fondo.

varado: que se ha sacado del agua y se ha dejado en la playa.

Mientras proseguía el viaje, la mata de guisantes siguió creciendo y le nacieron los primeros frutos. Pero Antón ni siquiera se alegraba por ello. Se sentía tan decaído que ya sólo pensaba en su llegada a casa.

Un día Antón empezó a oír un extraño y cercano graznido. Al principio lo identificó con el ruido de las olas. Pero en una ocasión oyó con claridad una voz.

–Ca–ca–tú–a, ca–ca–tú–a.

–¡Huy! –exclamó sorprendido al descubrir, semiescondidos entre la mata de guisantes, los ojos y el pico de un curioso pájaro.

–Ca–ca–tú–a, ca–ca–tú–a –volvió a repetir.

«Ahora tendré un compañero de viaje que, además, habla. No mucho, pero habla», se dijo complacido ante la presencia de aquella ave que masticaba **bayas**.

–Yo soy Antón. ¿Cómo te llamas tú?

–Ca–ca–tú–a, ca–ca–tú–a.

Y Antón no consiguió que la cacatúa dijese otra cosa. Luego probó una de las semillas que el pájaro masticaba y le ofreció a cambio una rodaja de salchichón. Al chico, la comida del pájaro le resultó amarga. El pájaro, por su parte, no se atrevió ni a picotear el embutido.

Meciéndose entre las olas, Antón empezó a considerar la posibilidad de que aquella extraña ave fuese, en realidad, un náufrago. «Si lo fuese, lo habría salvado.» Aquel pensamiento lo reconfortó. Y más aún, el imaginarse la cara de su amiga Ania cuando le ofreciera la cacatúa como regalo. Pero había algo que lo inquietaba. Le preocupaba saber qué podría comer aquel pájaro una vez en casa. Así que, con disimulo, cogió unas cuantas semillas y se las guardó en el bolsillo del pantalón. «Las plantaré en mi jardín y listo», se dijo. Luego se durmió.

Fueron transcurriendo los días sin **avistar** tierra. Un día, el mar se puso tan furioso que el oleaje arremetió contra la barca y le arrebató buena parte de la mata de guisantes. Antón se entristeció. Se sentó en la proa y observó la tempestad, sin dejar de añorar su caserío y su pequeño jardín. Cuando las aguas volvieron a calmarse, divisó una inmensa pradera en medio del océano.

–¡Mis guisantes! –exclamó.

Su mata le pareció descomunal. Sin duda le había venido bien el agua del mar. Desparramada, apenas dejaba ver la superficie. Intentó recogerla, aunque pronto desistió al ver que su barca estaba a punto de **zozobrar** con tanto peso.

«Por lo menos», se dijo observando la porción de mata que había rescatado, «he salvado a otro náufrago. Además, he dejado alimento en el mar para los animales». Y, satisfecho de su acción, siguió navegando entre lo que él creía que era una gran mata de guisantes, cuando en realidad estaba en el **mar de los Sargazos**.

---

bayas: frutos carnosos, como el tomate, el arándano y la grosella.
avistar: conseguir ver algo que está lejos, divisar.
zozobrar: peligrar la embarcación, irse a pique.
mar de los Sargazos: zona del océano Atlántico cubierta por algas marinas de la especie sargazos.

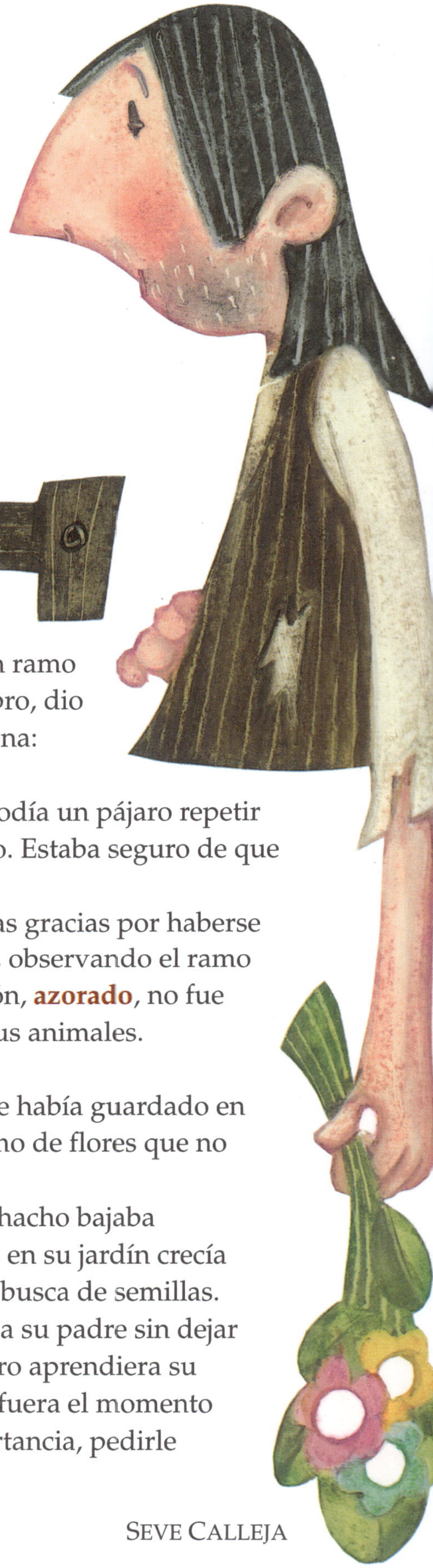

Ania había estado temiendo que su amigo no regresara nunca. Por eso, cuando lo vio asomar por el sendero, con un ramo de flores en una mano y aquel curioso pájaro sobre su hombro, dio un grito de alegría, al que el pájaro respondió con voz burlona:

–¡A–nia, A–nia, A–nia!

La sorpresa de la muchacha fue monumental. ¿Cómo podía un pájaro repetir su nombre? Antón, sin embargo, intuyó lo que había pasado. Estaba seguro de que lo había aprendido al oírselo decir a él en sueños.

Antón se apresuró a regalarle el pájaro a Ania y le dio las gracias por haberse ocupado de cuidar sus posesiones. Ania lo miró **expectante**, observando el ramo de flores que el muchacho sostenía en sus manos; pero Antón, **azorado**, no fue capaz de decirle nada más y corrió hasta la cuadra a ver a sus animales.

Ania se marchó entristecida. Ella esperaba algo más.

Días después, Antón plantó en su jardín las semillas que había guardado en el bolsillo y llevó a la tumba de su padre aquel marchito ramo de flores que no se había atrevido a dar a Ania.

Y cada anochecer, después de ordeñar las vacas, el muchacho bajaba al acantilado para estar un rato a solas con el mar. Mientras, en su jardín crecía una palmera a la que acudiría algún día el pájaro burlón en busca de semillas.

Por lo pronto, Antón había cumplido la promesa hecha a su padre sin dejar de lado el mayor de sus sueños. Y algún día, cuando el pájaro aprendiera su nombre de oírselo decir a Ania y lo llamara a gritos, tal vez fuera el momento de salir al encuentro de su querida vecina y, sin darse importancia, pedirle humildemente que se casara con él.

SEVE CALLEJA

expectante: que está a la espera de algo.
azorado: avergonzado, turbado.

REGISTRO DE LECTURA

1. Contesta.

- ¿Cuál era la secreta ilusión de Antón?
- ¿Por qué pensó Antón que no podía cumplir esa ilusión?
- ¿Quién le ayudó a cumplirla? ¿Cómo le ayudó?

2. ¿Cuál es el barco de Antón? Escribe el número que corresponda.

1 

2 

3. ¿Qué se llevó Antón para no sentirse solo en su viaje? Marca. Luego contesta.

☐ Una hortensia. ☐ Una mata de guisantes. ☐ Un geranio.

- ¿Cómo nació la mata de guisantes en el barco?
- ¿Qué hizo Antón con el geranio durante su viaje?

4. ¿En qué orden ocurrió? Numera.

☐ 

☐ 

☐ 

☐ 

Cuando pasó el poeta
(A Antonio Machado)

Cuando pasó el poeta
por aquel camino
–su libreta en una mano,
el corazón en la otra–,
el campo se ruborizó.

«¿Escribirá sobre mí?»,
pensó tan aliviado el pino
que se estiró de raíz.

«Yo podría contarle
cien historias verdaderas»,
musitó triste la higuera.

«Para belleza, la mía»,
dijo la acacia
poniéndose en el pecho
cuatro flores de azucena.

El cerezo, orgulloso,
recitó un poema.

Los almendros, tan coquetos,
se llenaron las mejillas
de mariposas blancas.

La solitaria encina
se quedó más bien callada,
pero se peinó las ramas
sin que nadie lo notara.

Y al «olmo centenario
y en su mitad podrido»,
cuando pasó el poeta
por aquel camino
–su libreta en una mano,
el corazón en la otra–,
le subieron por el tronco
brotecillos de hojas nuevas.

AYES TORTOSA

Llanto
por Federico García Lorca

Verde, verde, tu morada,
qué blanca se pone a veces...
Las sábanas que te cubren,
verde y blanca, blanca y verde.

En abril, las amapolas
rojas, rojas, sobre el verde,
ponen las notas de sangre
bajo ese cielo celeste.

Y el blanco **sudario** pone
el invierno, con su nieve.

La Luna, todas las noches,
a visitarte aparece,
roja, roja, enamorada…
El cielo negro, imponente.

Te canta la Luna, Luna
su eterno canto de **réquiem**,
sufre y canta, enamorada,
sus **elegías** de muerte.

Al alba, las flores todas,
«Federico…, Federico…»,
susurran ardientemente.

Y los pájaros te cantan,
y la montaña te mece
en tu lecho, donde tienes
ese tu sueño perenne.

¡ Ay, el viento, Federico,
que su llanto no contiene!
Y hasta los árboles todos,
a su paso, se estremecen.

Te están cantando una nana:
¡Ea, ea, duerme…, duerme!
Verde, verde, tu morada,
verde y blanca…, blanca y verde.

INÉS M.ª GUZMÁN

TALLER

1. Copia los nombres de los árboles que aparecen en el poema *Cuando pasó el poeta* y anota al lado las acciones personificadas que realiza cada uno.

2. Relaciona y escribe pareados.

El abeto •	• hizo un gesto noble.
El roble •	• se inclinó hacia el cauce.
El sauce •	• sonrió inquieto.

sudario: tela con la que se envuelve a los cadáveres.
réquiem: composición musical que se dedica a los difuntos.
elegías: poemas que lamentan la muerte de una persona u otro suceso triste.

7 La casa grande del indiano

Villaverde del Mar era un pueblecito marinero situado en lo alto de una suave colina flanqueada por frondosos pinares y prados de un verde intenso. La placidez que en aquella villa se respiraba parecía perfumada por el olor a mar o el olor a pino, según la dirección del viento, mezclados con fragancias de heno recién cortado. Su nombre, pues, había sido bien escogido ya que respondía fielmente a la realidad.

Sin embargo, Villaverde del Mar era considerado en todo el mundo como el pueblo más bello de la costa por algo más: el deslumbrante color blanco de las fachadas de sus casas, construidas todas ellas según el gusto de una alegre arquitectura popular.

Todas menos una, la conocida como la casa grande del **indiano**, que había sido edificada a principios del siglo XX por don Leonardo Malquiste, a su vuelta de una larga estancia en un lejano país en el que había logrado amasar una inmensa fortuna. La casa estaba situada en lo más alto de la colina, alejada del núcleo urbano. Pero destacaba sobre las demás, sobre todo, por los materiales **exóticos** y costosos con los que había sido construida y decorada: columnas de mármol de Carrara, vidrieras de Murano, alfombras de Persia, tapices de la India, marfiles de África…

La casa grande del indiano era, desde luego, grandiosa, imponente. En cambio, según decían muchas personas que visitaban Villaverde del Mar, desentonaba con el resto del pueblo, aunque los villaverdimarinos estaban ya acostumbrados a su presencia y no reparaban mucho en ella.

---

indiano: persona que volvía a España tras haber hecho fortuna en América.
exóticos: que proceden de países extranjeros, especialmente si son lejanos.

En aquella casa o, para ser más exactos, en aquel palacio se había criado don Leonardo Malquiste y Díaz del Mular, el último de los herederos de la familia de los Malquiste que llegó a habitarla.

Sus padres disfrutaban de su inmensa fortuna en interminables viajes de placer por todos los rincones de la Tierra. Mientras tanto, la educación del señorito Leonardo, como era llamado por la servidumbre de la casa, estaba encomendada a una **institutriz** alemana de edad madura. Mujer de carácter severo, procuró al niño una sólida formación tanto en las artes como en las ciencias. Pero no le dedicó ni una sola sonrisa, ni una sola caricia, en el largo periodo que estuvo bajo su tutela.

El señorito Leonardo pasaba con ella horas y horas, recitando poemas o aprendiendo la geografía de países lejanos a los que volaba su imaginación en busca de sus anhelados padres. El resto del día permanecía rodeado de doncellas y criados que acudían solícitos a satisfacer todos sus deseos.

Los momentos más felices de su infancia los debía a los paseos por los alrededores de Villaverde del Mar, programados por la institutriz como clases prácticas de Naturaleza. Mientras recogían plantas y flores para su posterior estudio, llegaba hasta sus oídos la algarabía de los niños de su edad que jugaban en el patio de la escuela del pueblo o la alegría de sus divertidos chapuzones en la playa.

Lo cierto es que el señorito Leonardo, desde mucho antes de que saliera del pueblo para ir a la universidad, adquirió fama de **hosco** y **melindroso**, porque nada lo alegraba plenamente. Tenía todo lo que deseaba, pero nunca estaba satisfecho.

institutriz: mujer encargada de la educación de los niños de una familia.
hosco: poco sociable, arisco.
melindroso: exageradamente delicado, remilgado.

Fue tiempo después cuando ocurrió lo que quizá nunca debió haber ocurrido. En una de sus periódicas visitas a Villaverde del Mar, Leonardo, que ya era dueño y señor de su herencia tras la trágica desaparición de sus padres en un naufragio, salió a dar un paseo por el pueblo.

De pronto reparó en un grupo de pintores, reunidos frente a la colina, que intentaban plasmar en sus lienzos la impresionante belleza del pueblo, bañado por la cálida luz del atardecer. Mientras caminaba entre la hilera de caballetes, empezó a enrojecer de ira.

¡Todos se habían puesto de acuerdo para eliminar su casa del paisaje! ¡La casa grande del indiano no aparecía en ningún cuadro! Unos habían ampliado el pinar **colindante**. Otros imaginaban nubes blancas inexistentes aquella tarde en el cielo. Y otros recreaban en su lugar un barrio de casitas, apiñadas unas junto a otras, inspirándose en las construcciones típicas del pueblecito marinero.

Aquella **afrenta** superaba con creces cualquier otra que hubiera podido sufrir en su vida don Leonardo Malquiste y Díaz del Mular. Y esto estaba ocurriendo en su propio pueblo, al que tanto él como sus antepasados habían hecho importantes donaciones. Sin poder contener su rabia, se acercó a una pintora y le preguntó:

–¿Se puede saber por qué no pinta la casa grande de la colina? ¿No es suficientemente hermosa como para aparecer en su… cuadro?

Y tuvo que hacer un gran esfuerzo para no pronunciar adjetivos como insignificante, birrioso o chapucero para acompañar la palabra cuadro.

La pintora, con cierto asombro, le contestó pausadamente:

– Ciertamente, la casa es muy hermosa. Pero, fíjese, la frialdad de sus columnas de mármol y el brillo artificial de las vidrieras destruyen esta atmósfera de cálida armonía entre la luz tenuemente rojiza del atardecer y el blanco inmaculado de las casas del pueblo. Además, la majestuosidad de su construcción desentona con la delicada sencillez del resto.

---

colindante: que lindaba con ella.
afrenta: ofensa, humillación.

La acertada explicación de la artista causó una gran sorpresa a don Leonardo, quien por un momento se detuvo a contemplar Villaverde del Mar con otros ojos. Pero para sus adentros pensó que aquella pintora no le había dado sólo una lección de pintura, sino de algo más, que su orgullo de ninguna manera podía tolerar. Así que, muy airado, se dio la vuelta y apresuró el paso hacia su casa mientras iba cavilando la manera de reparar aquel atropello a su dignidad.

Pronto encontró la forma de dar rienda suelta a sus deseos de venganza. A la mañana siguiente llamó a su secretario para darle una orden precisa y **contundente**: cuanto antes y sin reparar en el precio, debía comprar todas las fábricas de pintura del país y también todas las minas de cal.

El secretario de don Leonardo quiso preguntar el motivo de tan **inusitado** interés por la pintura. Incluso llegó a pensar si su señor no habría perdido la razón; pero, conociendo el genio que gastaba cuando no se satisfacían sus deseos, se limitó a cumplir lo encomendado sin pérdida de tiempo.

Al cabo de un mes, todas las fábricas de pintura estuvieron en su poder. En algunos casos, la tarea no fue fácil, pero al final se consiguió.

Don Leonardo envió entonces a los directores de todas las nuevas empresas de su propiedad un **fax** con el siguiente texto: «Hasta nuevo aviso, queda terminantemente prohibida la fabricación y venta del color blanco en cualquiera de las formas en que hasta ahora se ha venido produciendo. Quien desobedezca esta orden será despedido inmediatamente».

Los efectos de tan extraña decisión se hicieron notar inmediatamente en los cuatro puntos cardinales del país. Nadie se explicaba cómo, de repente, el color blanco había desaparecido de las tiendas y comercios. Pero donde más dolorosamente empezó a sentirse fue en pueblos como Villaverde del Mar. Las fachadas de las casas, con el paso del tiempo, empezaron a descascarillarse y sus propietarios no encontraban la forma de devolverles su aspecto anterior.

contundente: que no se puede discutir, terminante.
inusitado: que no es habitual.
fax: escrito que se envía por la red telefónica mediante un aparato que recibe ese mismo nombre.

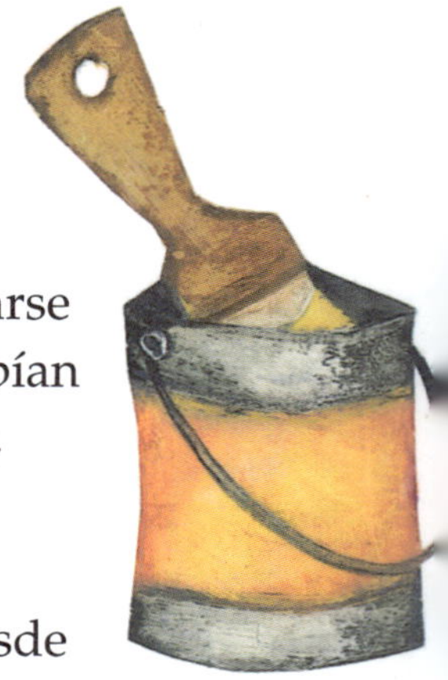

Al principio, todos comentaban la triste situación y no hacían sino quejarse del lastimoso aspecto que iban adquiriendo sus casas. Como siempre las habían pintado de blanco, no sabían qué determinación tomar y decidieron esperar, sin arreglar sus fachadas, hasta ver si daban con alguna solución.

Cuando, pasado el tiempo, comprobaron que esa solución no llegaba, la alcaldesa reunió a todos los villaverdimarinos en la plaza del pueblo y desde el balcón del Ayuntamiento les comunicó la decisión que había tomado:

–Ciudadanos, con todo el dolor de nuestro corazón y muy a nuestro pesar, hemos de devolver a nuestro pueblo el **lustre** que siempre tuvo. No podemos dejar que siga deteriorándose ni un solo día más. Debemos volver a pintar las fachadas de nuestras casas enseguida, antes de que nos acostumbremos a la fealdad que ahora reina en ellas.

–Estamos deseando hacerlo. Consíguenos cal o pintura blanca y las dejaremos como nuevas –intervino un vecino.

–Ya me gustaría. Pero sabes que no está en mi mano –respondió la alcaldesa en tono apesadumbrado.

–Entonces, ¿de qué color podemos pintar ahora nuestras casas? –preguntó otro vecino.

–No sé cuál es el color más apropiado para un pueblo que siempre ha sido blanco. Pero mejor que sucio, cualquier color será bueno –dijo finalmente la alcaldesa.

Resignados, los villaverdimarinos regresaron a sus casas. A la mañana siguiente, Alicio, el panadero, pintó su casa de verde. Rosa, la pescadera, la pintó de azul. Isidro, el cartero, de rojo. Y Braulio pintó su restaurante de naranja.

lustre: buen aspecto, esplendor.
resignados: conformes, que aceptan una situación desfavorable.

Y así, poco a poco, el pueblo entero volvió a brillar con los colores que a cada uno se le habían ido ocurriendo. El resultado fue espectacular. Sin ponerse de acuerdo, habían conseguido combinar los colores con exquisito buen gusto. Visto desde el paseo marítimo, el conjunto parecía un cuadro que causaba una impresión de rara belleza. La luz del sol, a las distintas horas del día, se reflejaba en las paredes, proyectando sombras de múltiples tonalidades que realzaban el contraste de su colorido. Parecía como si un sinuoso arco iris recorriera las callejuelas de Villaverde del Mar.

Pronto se corrió la voz por todo el país y acudieron de nuevo las gentes para contemplar la maravillosa transformación que había sufrido aquel pueblecito, **antaño** famoso por el blanco de sus casas. Los pintores, igualmente, volvieron a pintarlo con renovado interés y las nuevas postales de Villaverde del Mar fueron un gran éxito de ventas.

Y como reconocimiento al mérito de todos sus vecinos, la villa fue galardonada con el premio al Pueblo Engalanado del Año.

La añoranza del blanco, sin embargo, hacía que los villaverdimarinos no se sintieran a gusto del todo y que muchos de ellos miraran de reojo la casa grande del indiano, sobre todo cuando se confirmó que su dueño, don Leonardo, era el único culpable de la desaparición del color blanco.

---

antaño: anteriormente, antiguamente.

Por el mes de marzo, antes de que entrase la primavera y tras un vendaval de lluvia y viento, cayó sobre Villaverde del Mar una fuerte nevada que cubrió prados, bosques, calles y tejados. ¡Todo quedó revestido de un puro e intenso color blanco! Ni los más viejos del lugar podían dar crédito a lo que veían sus ojos, porque en Villaverde nunca antes había nevado. Y aunque la nieve duró poco, los vecinos disfrutaron tanto que hasta parecieron superar su rencor hacia don Leonardo.

A partir de esa experiencia, los villaverdimarinos fueron adoptando extrañas costumbres. Así, por ejemplo, apareció el gusto por la **colombicultura**. En las terrazas se construyeron palomares en los que vivían centenares de palomas, única y exclusivamente blancas, que surcaban el aire dejando blancas pinceladas sobre el cielo azul.

Otra curiosa costumbre que apareció fue que, en los jardines de las casas y en las macetas de los balcones, todos decidieron plantar crisantemos, claveles y jazmines blancos. La alcaldesa dispuso que el estanque de la plaza mayor se repoblase de nenúfares, entre los que nadaban cisnes y patos. Todos ellos, blancos.

En el parque se plantaron multitud de limoneros y naranjos, magnolios y acacias, que se cuajaron de flores blancas. A los agricultores que trabajaban las tierras cercanas al pueblo se les ocurrió plantar solamente cerezos y almendros que al florecer inundaron los campos de color blanco. Y los ganaderos aumentaron el número de ovejas de sus rebaños que, mientras pastaban en los prados de los alrededores, parecían mullidas nubecillas de lana blanca.

---

colombicultura: técnica para la reproducción y cría de palomas.

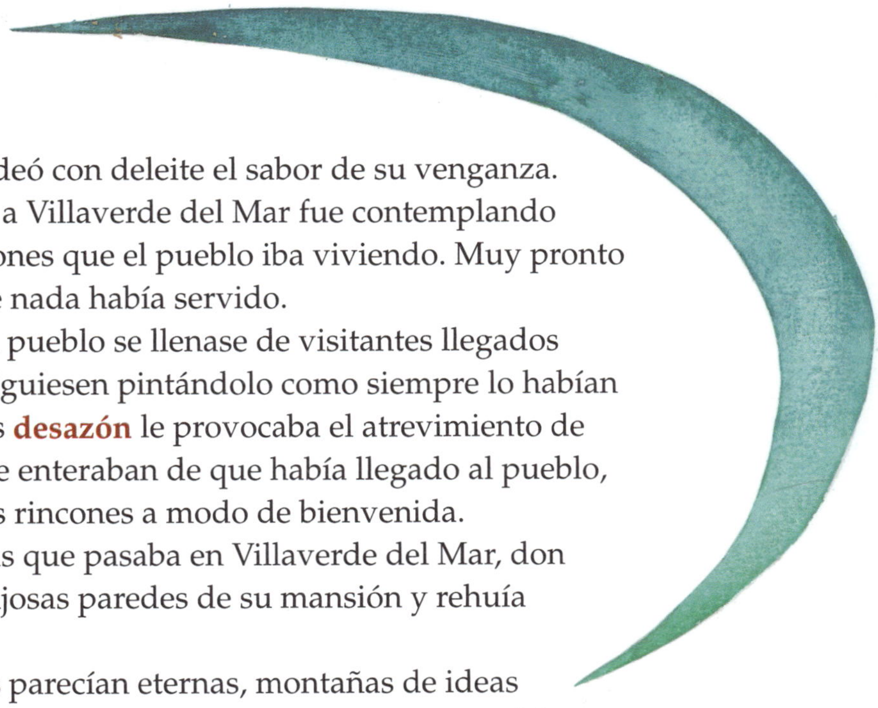

Don Leonardo, al principio, paladeó con deleite el sabor de su venganza. Pero en las sucesivas visitas que hizo a Villaverde del Mar fue contemplando con verdadera rabia las transformaciones que el pueblo iba viviendo. Muy pronto comprendió que su colérica acción de nada había servido.

Le producía un gran pesar que el pueblo se llenase de visitantes llegados de todo el mundo y que los artistas siguiesen pintándolo como siempre lo habían hecho, sin la casa grande. Y no menos **desazón** le provocaba el atrevimiento de sus propios vecinos, que, en cuanto se enteraban de que había llegado al pueblo, tendían sábanas blancas por todos los rincones a modo de bienvenida.

Así que, en las breves temporadas que pasaba en Villaverde del Mar, don Leonardo vivía encerrado entre las lujosas paredes de su mansión y rehuía el contacto con cualquier vecino.

En las largas noches, cuyas horas parecían eternas, montañas de ideas cruzaban por su cabeza. Unas buenas y otras… Porque en su corazón anidaban sentimientos muy contradictorios…

Al fin comenzó a sentir que aquella casa de sus amores, en cuya defensa había actuado de forma tan ruin y mezquina, se estaba convirtiendo para él en una cárcel. Al contemplarla desde el jardín, ya sólo veía en ella el vivo reflejo de su mala acción, lo cual no hacía sino aumentar sus remordimientos.

desazón: malestar, inquietud.

Una noche tomó una **drástica** decisión: echaría abajo su casa. Y, a la mañana siguiente, se acercó al Ayuntamiento para pedir los permisos oportunos.

La alcaldesa no salía de su asombro: el mismísimo don Leonardo Malquiste y Díaz del Mular, en persona, estaba allí en su despacho.

–Buenos días. Vengo a solicitar el permiso municipal para demoler mi casa.

Y antes de que la alcaldesa pudiese abrir la boca, don Leonardo continuó diciendo:

–Quiero que la desaparición de mi casa sirva como acto de **desagravio** para todas las gentes de este pueblo. Mi casa nunca más volverá a desentonar en los cuadros de los pintores. Y quiero comunicarle también que, a partir de hoy, el color blanco volverá a estar disponible en las tiendas.

Cuando salió de su estupor, las primeras palabras que pudo pronunciar la alcaldesa estaban cargadas de emoción.

–Don Leonardo, no es necesario que haga eso… A ningún vecino le molesta su casa. Ahora, eso sí, el blanco, como usted sabe, era un color muy querido por nosotros... Pero Villaverde del Mar ha cambiado mucho y su casa ya no desentona tanto en el entorno. Sería una pena que se destruyese un edificio que, al fin y al cabo, forma parte del **legado** histórico de nuestro pueblo.

Tan sabias palabras hicieron mella en don Leonardo, que rectificó su primera decisión y adoptó otra de mayor **trascendencia**: donar al pueblo la casa grande del indiano, con todo lo que había en ella.

Esta medida fue muy bien acogida por los villaverdimarinos, que acordaron destinarla a museo, institución de la que carecía Villaverde del Mar.

Don Leonardo aprobó con sumo gusto aquella elección y encargó a su secretario que comprase un número considerable de cuadros en los que apareciese el primitivo pueblo blanco que fue Villaverde del Mar, para exponerlos en el futuro museo. Y así se hizo.

En cuanto a él, se construyó una modesta casita en el centro del pueblo y, para que estuviese en **sintonía** con las demás, pintó un arco iris que ocupaba toda la fachada.

ANTONIO MONTERROSO

drástica: enérgica, tajante.
desagravio: compensación por un daño o por una ofensa.
legado: herencia.
trascendencia: importancia, valor.
sintonía: armonía, equilibrio.

REGISTRO DE LECTURA

1. Contesta.

- ¿Cómo eran las casas de Villaverde del Mar al principio de la historia?
- ¿Qué casa era diferente a las demás? ¿Cómo era esa casa?
- ¿A quién pertenecía esa casa?

2. ¿Cómo era don Leonardo Malquiste y Díaz del Mular? Escribe un breve texto en el que cuentes lo que recuerdes sobre él.

3. ¿Qué ocurrió entre estos dos momentos? Observa y explica por qué cambió de aspecto el pueblo.

4. ¿Qué costumbres adoptaron los villaverdimarinos a partir de este día? Explica.

5. Observa, lee y contesta.

- ¿Qué había decidido don Leonardo la noche anterior?
- ¿Por qué tomó esa decisión?
- ¿Qué fue a solicitar al Ayuntamiento?
- ¿Qué le dijo la alcaldesa?
- ¿Qué decisión tomó don Leonardo tras hablar con la alcaldesa?
- ¿Qué pasó al final?

El árbol de los membrillos

Los membrillos
se **cuajaban**
con el canto de los grillos
y miel blanca
que dejaba
la Luna con su cuchillo
en la piel **empelusada**
del membrillo.

Son sus frutas un tesoro
meciéndose entre las ramas
mientras que el sol se derrama
como surtidor de oro
en los membrillos.

MANUEL JURADO

El ciprés

El ciprés es alto,
el ciprés es serio,
el ciprés es triste,
el ciprés es quieto.

El ciprés se viste
de enero hasta enero
con su hermoso traje
oscuro y severo.

El ciprés apunta
con su flecha al cielo
y con sus raíces
se hunde en el suelo.

Dentro de sus ramas
guarda su secreto:
la música alegre
de pájaros nuevos.

MANUEL JURADO

cuajaban: nacían, granaban.
empelusada: con pelusa, pelo suave de algunas frutas.

Paisaje

Olivares soldaditos,
batallones siempre verdes,
formalitos,
formaditos.

Verde sombra.
Soldaditos sin metralla
ni escopeta.

¡Atención,
en lo más alto,
el castillo general!

En silencio,
batallón de un solo pie.
Verde casco, camuflaje
a campo descubierto.

Y deja en el aire
el paisaje,
un mensaje
de aceitunas y de paz.

AYES TORTOSA

El olivo

Olivo de plata,
tronco arrugado,
hojas verdiblancas,
de aceitunas cargado.

Olivo de plata,
de ramas coronado,
besado por las nubes,
por el viento acunado.

Olivo de plata,
señor del campo…
La roja amapola
me ha dicho cantando:
–¿Qué tendrá el olivo
que me gusta tanto?

INMA DÍAZ

TALLER

1. Observa, lee y escribe comparaciones expresivas.

El ciprés — es como una flecha que apunta hacia el cielo.

El sauce — es como un surtidor que cae hasta el suelo.

▶ Inventa comparaciones libremente.

8 La sirena y las gárgolas

La piedra sufría con paciencia los pequeños golpes del **cantero**. Era una mañana fría y los ligeros guantes, que dejaban los dedos al descubierto, no ayudaban a que entrasen en calor las manos entumecidas. Pero en aquel trabajo no se podían usar unos guantes gruesos y enteros. Con ellos resultaría imposible tallar la piedra con la precisión que se requería.

La niebla de la mañana no se disipaba y el bullicio del mercado anunciaba que ya eran cerca de las ocho. Colgado de un andamio, a más de treinta metros de altura, el joven cantero daba forma a las **gárgolas** de la catedral de París. Aquellas figuras que permanecerían durante siglos suspendidas de las **cornisas** del tejado.

A Pedro, que había emigrado a París desde Galicia, le habían encargado esculpir monstruos horripilantes que provocasen verdadero terror. Pero él no era capaz de hacer animales tan terribles; sus gárgolas tenían la mirada profunda de los perros pastores y sus garras parecían querer aferrarse a la piedra en vez de amenazar a la gente. Pedro no conseguía hacer gárgolas feas. Además, ellas tampoco estaban de acuerdo en ser unos adefesios.

–¡Mira qué boca me haf puefto! ¡Parefco máf una pefcadera que un león! No doy ningún miedo con efta pinta. ¡Y qué mueca! Parece que eftoy vendiendo fardinaf en vef de rugir.

Pedro se esforzaba por no reírse al conversar con aquel pequeño león de piedra. Aún no le había esculpido los dientes y el animal hablaba como si tuviese guijarros en la boca.

---

cantero: persona que labra la piedra.
gárgolas: adornos de algunos edificios, como las catedrales, por donde se vierte el agua de la lluvia. Suelen tener forma de monstruos o de animales imaginarios.
cornisas: salientes que rematan la parte superior de un edificio.

Tallar un león era una **licencia** que Pedro había conseguido del maestro cantero, que lo había autorizado a incorporar seres, como sirenas, leones y unicornios, poco frecuentes en la galería de los horrores de la que era responsable.

Él había oído historias de leones de lejanas tierras, fieras rugientes que lucían una cabellera espléndida y tenían una fuerza descomunal. Años atrás, en su infancia, también había conocido las historias de las sirenas más hermosas. Por eso decidió incluir un ejemplar de cada uno de estos seres entre las figuras.

–¡Ni fiquiera unof buenof colmillof! –seguía protestando aquel **pétreo** rey de la selva.

En la otra esquina del edificio, dos gárgolas recriminaban su desnudez a la sirena. Estaban a punto de clavarle sus garras cuando Pedro les dio un grito:

–¡Quietecitas, eh! Tratad de llevaros bien, que vais a tener que estar juntas mucho tiempo.

Pero tampoco quiso enfadarse demasiado. Sabía que las gárgolas envidiaban la belleza de la sirena: la larga cabellera sobre el pecho desnudo y la hermosa cola que, aun siendo de piedra, relucía con destellos de plata, como el mar en las noches de luna llena.

–Todos tenéis una función –les dijo el cantero a las esculturas–. Los menos hermosos y los más bellos. Cada uno a su manera. Además, no hay ninguno de vosotros al que se pueda llamar monstruo...

Tal vez a causa de su juventud, Pedro desconocía aún que en los seres mágicos, como en las personas, la monstruosidad reside en el interior.

licencia: permiso para algo, autorización, privilegio.
pétreo: de piedra.

Y el joven cantero continuó esculpiendo durante todo el día. Incluso a la hora de comer le llevaron agua, pan y jamón, para que no tuviera que bajar del andamio.

–Es fuerte *Pierre le galicien*. Consigue trabajar más de lo que cualquiera puede aguantar –decían los otros canteros.

Y es que *Pierre le galicien*, que era como lo llamaban sus compañeros franceses, prefería descender del andamio a la hora de la puesta de sol y conversar un poco con los reyes de Francia, que también estaban esculpidos en la piedra, unos metros más abajo.

Siempre tenía unas palabras corteses para aquellas señoriales figuras y diariamente les dedicaba una respetuosa reverencia.

Se dirigía a ellas en el idioma secreto de los canteros, que Pedro había aprendido de su abuelo. Las esculturas contestaban con un suave movimiento de cabeza y comentaban entre sí la buena educación del joven español.

Él sabía que era preciso conversar con ellas, pedirles permiso para trabajarlas. Esto influía de forma definitiva en el resultado final.

–Tampoco a mí me gustaría que me aporreasen –razonaba con inteligencia el discreto escultor.

Y a su mente volvía el rítmico golpeteo del metal en la piedra, la voz de su abuelo, las tardes de calor en su aldea, la emoción de su primera escultura...

–Las esculturas están encerradas en la piedra –le decía el abuelo a menudo–. Simplemente, hay que escucharlas y ayudarlas a salir. Sin prisa, con ritmo.

Pedro se miró las manos, curtidas por el frío y el duro trabajo, y reconoció en ellas las de su abuelo y también las de su padre.

Por la noche, Pedro caminaba pensativo por las calles oscuras y estrechas de la ciudad hasta la posada de madame Anne Marie. Luego, en su colchón pobre relleno de paja, imaginaba gárgolas terribles, aunque una vez esculpidas por sus manos resultaban humanas, agradables, simpáticas.

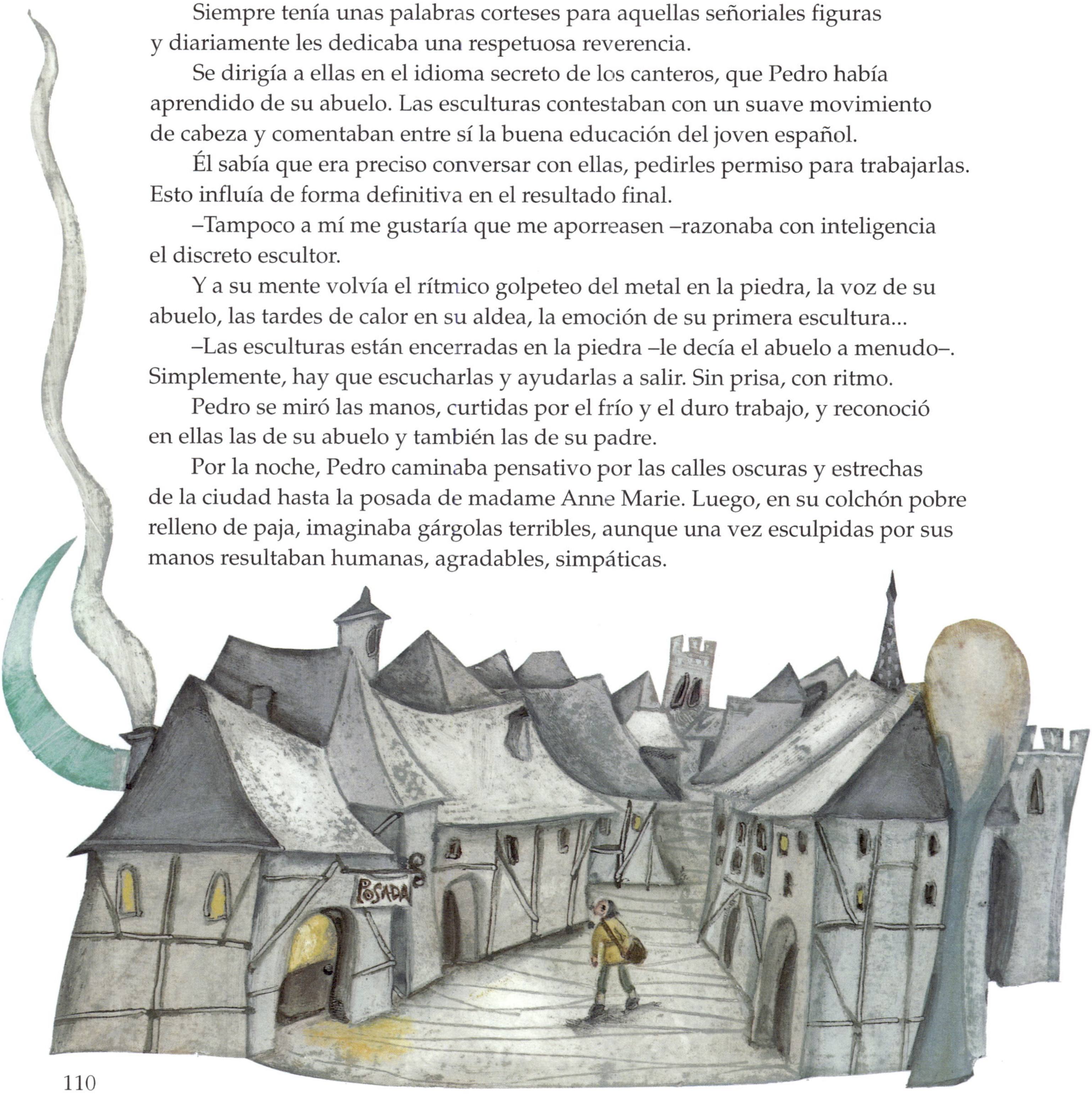

Él hubiese preferido esculpir ángeles o peregrinos, o encargarse de las esculturas de la fachada principal de la catedral… Pero aún era joven y tendría que esperar. Tal vez, algún día podría ocuparse del **tímpano**, la parte más complicada y difícil.

Aquel día, después de dibujar en su mente un ángel con ojos de niño travieso, Pedro cayó rendido en un profundo sueño .

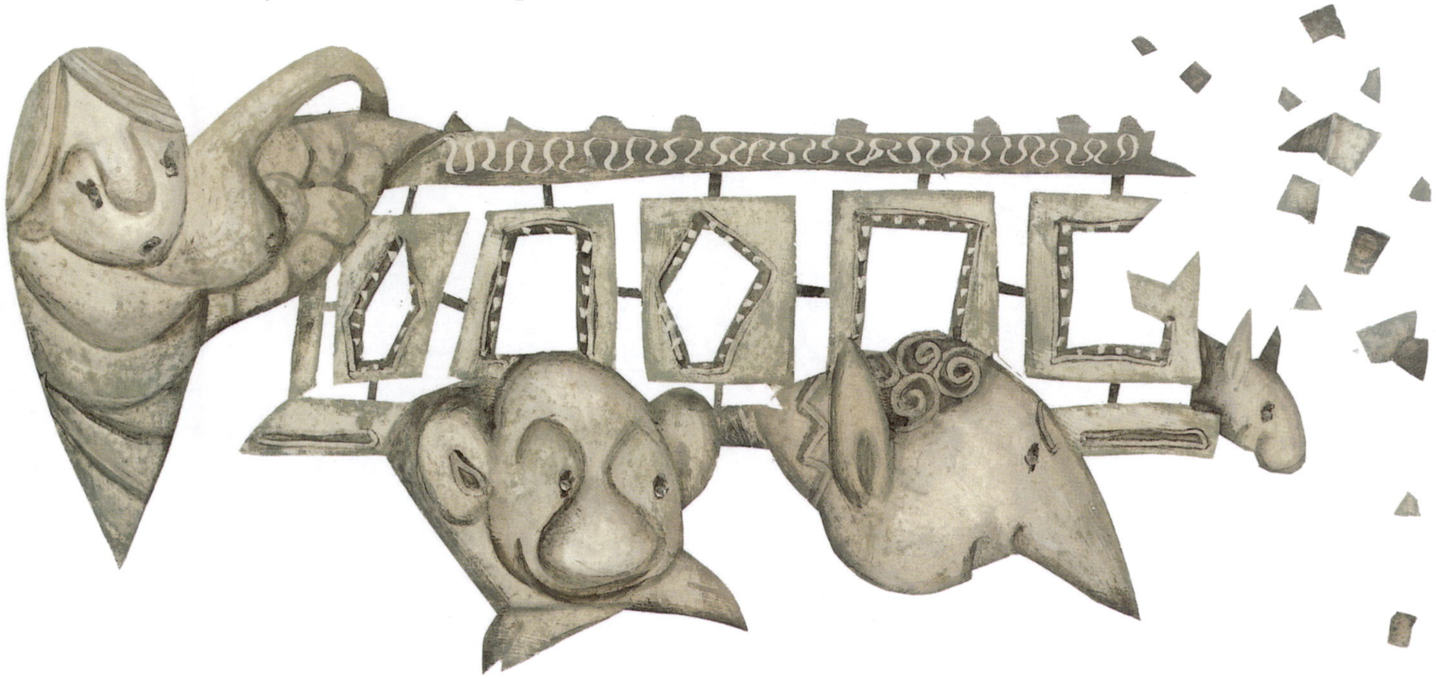

Mientras tanto, en las alturas de las torres de la catedral de París, las gárgolas tramaban un macabro plan.

–Ella nos deja en evidencia a todas. ¡Está desnuda! ¡Es una indecente!

–Es demasiado hermosa. ¡Me revuelve el estómago!

–A su lado parecemos monstruos infernales. ¡Tirémosla!

Y en ese momento sonaron las campanas de la catedral. Las estatuas se miraron con miedo, sabían que lo que planeaban era un terrible crimen.

–¡Hagámoslo! ¡Ahora o nunca!

–¡Jamás! –rugió el león, cuya cabellera brillaba bajo la luz de la luna.

Su presencia impuso cierto temor a las malvadas gárgolas, que se quedaron paralizadas unos instantes, antes de decidir derribar también al león.

–¡Deteneos! –añadió el león, quebrando así las piedras de su boca–. La envidia os ha turbado la razón. ¡Pensad lo que hacéis! Somos compañeros.

Pero el odio había nublado sus corazones.

–¡Asesinaaas...! –gritaba el león mientras caía al vacío.

Luego derribaron a la sirena. Ella cayó en silencio porque las sirenas de piedra no poseen la mágica voz de sus hermanas de carne y hueso.

---

tímpano: en las catedrales, espacio de la parte superior de una portada.

Por la mañana se produjo un gran desconcierto en las obras de la catedral. Cuando Pedro llegó y encontró en el suelo los restos de su sirena y de su león de piedra, sintió dentro del corazón una mezcla de pena y de rabia que hasta entonces no había conocido.

Después de aguantar la reprimenda del maestro, que pensó que era culpa del muchacho, Pedro subió por los andamios hasta donde se encontraban las gárgolas, que trataban de disimular su fechoría ante él.

–¡Cómo habéis sido capaces de...!

–¿Nosotras? –lo interrumpió indignada una de aquellas figuras–. Nosotras nada sabemos.

–El león y la sirena se desplomaron al amanecer. Debían de estar mal sujetos a la cornisa… –dijo otra.

–Tal vez les pesara demasiado la cabellera. Esas bonitas melenas que les hiciste... ¡Ja, ja, ja! –respondió con sarcasmo una tercera.

El joven cantero se asustó con las macabras risas de sus propias esculturas. Entonces, ya sin dirigirles la palabra, cogió la maza y el **cincel** y se puso a retocarlas, con golpes firmes y secos, sin atender a sus quejas.

Pedro les dio su verdadera forma, la que tenían por dentro y no pudieron ocultar. Así quedaron retratadas para la eternidad, deformes y horripilantes, solas en la altura de la catedral. Tal vez pensando en el terrible crimen que cometieron.

LEOPOLDO CAÑIZO

cincel: herramienta que se utiliza para trabajar la piedra y el metal.

REGISTRO DE LECTURA

1. ¿Qué esculpía Pedro en la catedral de París? Escribe el número que corresponde.

2. Contesta.

- ¿De dónde era Pedro?
- ¿Cómo lo llamaban sus compañeros?
- ¿Cómo eran las figuras que Pedro esculpía al principio?
- ¿Cómo esculpió Pedro esas figuras al final de la historia?

3. Lee y contesta.

- ¿Quiénes hablan?
- ¿De quién hablan?
- ¿Qué hicieron a continuación?

4. Explica.

- ¿Por qué derribaron las gárgolas al león?
- ¿Por qué derribaron las gárgolas a la sirena?
- ¿Qué explicación dieron las gárgolas a Pedro sobre lo sucedido?

5. Inventa un animal imaginario y dibuja una gárgola que lo represente. No olvides que la gárgola tiene que verter el agua de la lluvia.

¿Quieres jugar conmigo?

Luisa abrió la puerta de casa, colgó el abrigo en el perchero y pasó al salón. Olía a ropa recién planchada. En la cocina, la madre tomaba un café y hojeaba el periódico, el primer descanso en una jornada agotadora y monótona.

–¡Hola, cariño! Qué pronto vienes… ¿Quieres un yogur?

–No, mamá, gracias. Tengo que estudiar. Luego, si acaso.

En su cuarto, Luisa se quitó las zapatillas, que quedaron en el suelo como animalitos muertos. Sacó una pequeña caja de la mochila y se recostó en la cama. Debía estudiar, pero había llegado antes para jugar un rato con la consola que le había dejado Susy, un **liviano** aparato de última generación. Alguien la llevó a clase una semana atrás y nadie sabía exactamente quién era su dueño, pues esos días circulaba entre unos y otros, y todos hablaban maravillas de ella.

Bastó una leve presión para abrirla. La pantalla ocupaba el panel superior, mientras el inferior mostraba agujeros que supuso eran pequeños altavoces. Carecía de botones. Dos pequeñas **depresiones** a los lados parecían dispuestas para acomodar los pulgares. Al hacerlo, la máquina se encendió, mostrando un teclado y una petición: «NOMBRE». Pasó el índice para escribir en la pantalla **táctil**: «LUISA REBULL». El teclado desapareció, sonó una música armoniosa y la máquina habló: «Hola, Luisa. ¿Quieres jugar conmigo?». Aceptó, el texto se esfumó y unos destellos anunciaron: «NIVEL 1».

liviano: ligero, de poco peso.
depresiones: hundimientos o huecos en una superficie.
táctil: que se maneja con el tacto.

En efecto, la máquina era fantástica, con una definición y un sonido comparables a los deuvedés. El juego comenzaba con una vista aérea sobre las ramas altas de unos árboles. De súbito, la vista descendió, pasó junto a un nido en el que piaban unos polluelos, rozó el lomo de una oruga que se hizo enorme, asustó a un picamaderos y bajó hasta un claro, en el que había un banco y, sentado en él, una chica. La escena mostró a la protagonista, que leía un libro. La imagen parecía congelada, pero la quietud era aparente: unos pájaros picoteaban en el suelo, mientras el aire mecía las ramas de los árboles. La chica pasó una hoja y luego otra, al tiempo que movía levemente su pie izquierdo. Luisa pudo escuchar hasta el roce de sus dedos sobre el libro.

Si eso era un juego, se dijo, estaba claro que debía hacer algo, aunque no sabía qué. Presionó con un dedo para ver qué ocurría. La chica miró el reloj, pareció sorprenderse, se levantó, tomó del suelo una hoja y la colocó entre las páginas del libro, que dejó sobre el banco. Esa secuencia era de un realismo impresionante. Luisa tuvo la sensación de que en algún momento había realizado alguna elección con los pulgares; por ejemplo, al escoger una hoja que le pareció especialmente bella y limpia, y no otra.

La chica observó los senderos, como buscando uno en especial. Luisa percibía que intentaba recordar por cuál había llegado hasta allí y que se esperaba que ella señalara el correcto. Sus dedos presionaron con suavidad, aunque parecía que la muchacha respondiera a su pensamiento. ¡Resultaba fabuloso! Si en alguna ocasión avanzaba y luego retrocedía, la imagen mostraba su rostro de duda, observando un detalle del tronco de un árbol o de alguna rama tirada por el suelo.

Eligió un camino y la chica se internó por él. Dejó de presionar y ella se detuvo a contemplar las cortezas de los árboles, los hierbajos a sus pies, un insecto que trepaba sobre una seta… Luisa estaba asombrada. Tenía la sensación de que podría estar allí horas y que la chica lo miraría todo a su alrededor, pero notó en su gesto preocupado que se le hacía tarde. La hizo caminar. Comprobó que, si pulsaba fuerte, los pasos se hacían más rápidos y que incluso podía hacerla correr.
De repente, al ver cómo volvía su rostro hacia atrás, sintió que tenía miedo.
¿Pero miedo de qué?

Un escalofrío recorrió la espalda de Luisa. No era asustadiza, pero tuvo la sospecha de que ese juego escondía algún elemento terrorífico, y a ella no le gustaban las películas de miedo. Dejó la consola sobre la cama, guardó las zapatillas y sacó unos libros de la mochila. A distancia pudo ver cómo el juego continuaba sin su participación. La chica esperaba en medio del sendero y la noche parecía a punto de llegar. Un fugaz movimiento de cámara sobre su reloj mostró que eran casi las ocho. A lo lejos se acercaba una bicicleta con un chirrido desagradable. El ciclista aparecía cubierto por un impermeable rojo, la cabeza oculta tras una capucha y, de seguir ese camino, era evidente que acabaría por atropellarla. La muchacha volvió el rostro preguntando a la jugadora si no iba a hacer nada. Luisa se acercó, tocó la máquina y la chica se apartó con un respingo. En un instante, el ciclista alargó la mano hacia la protagonista, que soltó un gemido. A Luisa le pareció haber visto la hoja de un cuchillo.

La chica se volvió y, mostrando un corte en la mejilla, protestó airada: «La próxima vez, sé más rápida. Estamos en peligro. Sácame de aquí». Luisa se asombró por el realismo de la imagen, la sangre en su cara y su voz imperativa. Ya no quería jugar. Había dedicado demasiado tiempo a un juego que no tenía nada de entretenido. Bajó la pantalla esperando que ese trasto se apagase, lo dejó en la cama, fue a la cocina y sacó algo de la nevera. Su madre doblaba el periódico y al verla preguntó alarmada:

–Hija, ¿te ocurre algo?

–Nada, mamá. Estoy muy cansada.

Luisa regresó a su habitación y esparció sobre la mesa libros y apuntes. Al día siguiente tenía exámenes y necesitaba repasar. Tomó el yogur intentando no pensar en esa chica del juego, tan real. Se levantó a tirar el envase a la papelera y miró la consola. No estaba segura de si se había apagado o no, pero le daba igual que se acabasen las baterías. Estaba desconcertada y asustada. Ese juego resultaba demasiado realista.

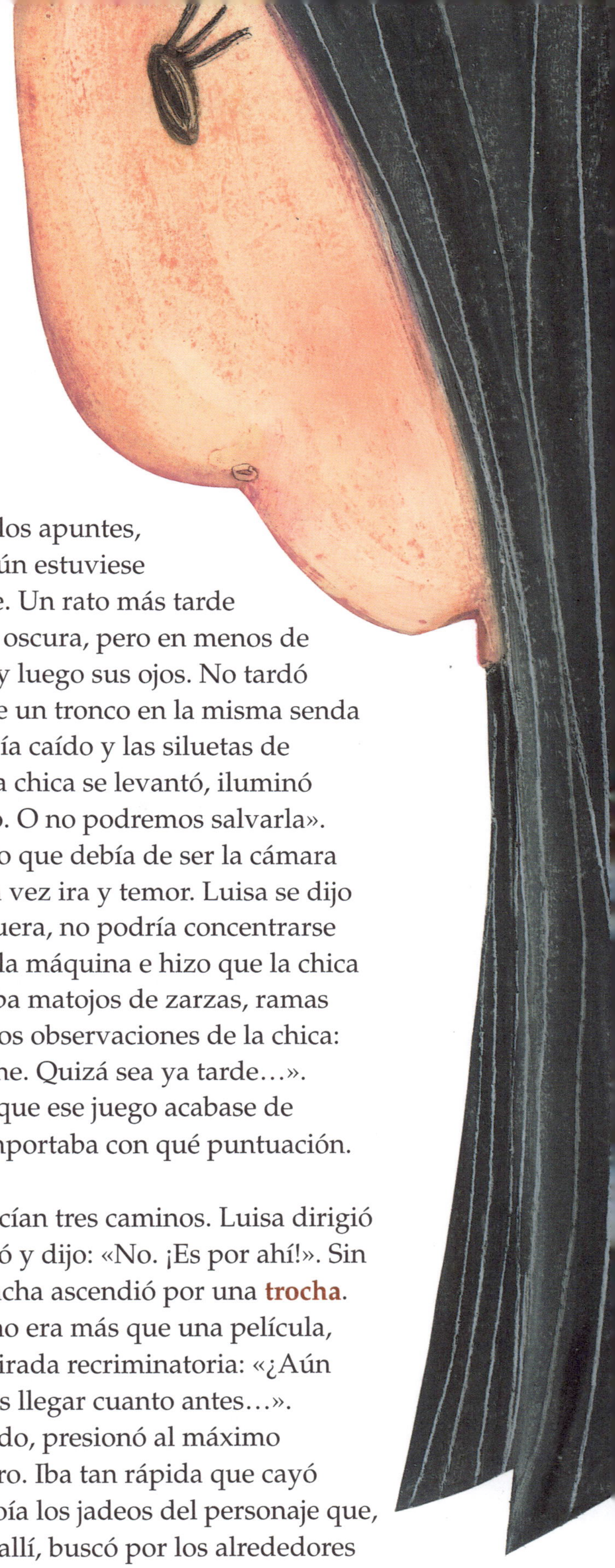

Durante unos minutos intentó concentrarse en los apuntes, pero no lo consiguió. La idea de que esa máquina aún estuviese encendida y que el juego continuase era inquietante. Un rato más tarde volvió a la cama. Al alzar la pantalla vio que estaba oscura, pero en menos de un segundo una linterna alumbró primero el suelo y luego sus ojos. No tardó en darse cuenta de que la chica estaba sentada sobre un tronco en la misma senda en que la había dejado minutos antes. La noche había caído y las siluetas de los árboles apenas se destacaban en la oscuridad. La chica se levantó, iluminó el sendero y dijo a Luisa: «Llévame a la casa, rápido. O no podremos salvarla».

No quería jugar, pero la muchacha se acercó a lo que debía de ser la cámara y su rostro llenó la pantalla. Sus ojos mostraban a la vez ira y temor. Luisa se dijo que hasta que no acabase ese nivel, del modo que fuera, no podría concentrarse en su estudio, así que, de rodillas en el suelo, tomó la máquina e hizo que la chica corriera. La linterna alumbraba el camino y mostraba matojos de zarzas, ramas rotas y algunos jirones de niebla. No hizo caso de dos observaciones de la chica: «No tan rápido, o tropezaré» y «¿Lo ves? Es de noche. Quizá sea ya tarde…». Luisa se dijo que le daba igual. Lo que deseaba era que ese juego acabase de cualquier modo y que la máquina se apagase, no importaba con qué puntuación. Lo que debía hacer era estudiar…

El sendero acababa en un claro, en el que aparecían tres caminos. Luisa dirigió a la chica hacia el menos **agreste**, pero ella se resistió y dijo: «No. ¡Es por ahí!». Sin que sus dedos hicieran nada por moverla, la muchacha ascendió por una **trocha**. Luisa aflojó la presión, convencida de que aquello no era más que una película, y la chica se detuvo dirigiendo a la jugadora una mirada recriminatoria: «¿Aún no has entendido que esto es real, verdad? Debemos llegar cuanto antes…». Luisa pensó que ese juego resultaba cruel. Temblando, presionó al máximo y la muchacha volvió a correr, iluminando el sendero. Iba tan rápida que cayó al suelo, pero Luisa no dejó de presionar, mientras oía los jadeos del personaje que, al final, llegó a lo que parecía un montículo. Desde allí, buscó por los alrededores y localizó una casa, oculta en el follaje, de la que se alzaba un hilo de humo.

agreste: se dice del terreno accidentado o lleno de maleza.
trocha: sendero o vereda que sirve de atajo.

Luisa tuvo la esperanza de que ahí acabara el primer nivel, pero no fue así. La chica, sucia por la sangre y el polvo, se dirigía a una vereda que descendía hasta la casa, como si quisiera que la condujera por allí. «¡Vaya mierda!», se dijo Luisa, y tomó el mando de la máquina, haciéndola bajar, a punto de caerse a cada paso. No supo si por su **pericia** con los dedos o porque el juego transcurría así, la chica llegó abajo con apenas unos rasguños en las piernas. ¡Luisa pudo saberlo, a partir de minúsculos fragmentos de imagen! La muchacha se volvió y dijo: «Ahora, con mucho cuidado...».

La protagonista se movió despacio en la negrura, **franqueando** una verja que gimió al abrirla. Luisa la condujo procurando que no tropezara con algunas piedras. Una rama golpeó el rostro de la chica y en ese instante se iluminó con la luz que procedía de una ventana. De un salto se colocó al lado, para no ser vista, y se dispuso a mirar al interior.

La cámara barrió una habitación y se detuvo en un **vetusto** sillón en el que había una mujer sentada. Luisa se sobresaltó al reconocer en ella el rostro de su madre. Su cuerpo parecía preso de una rigidez inexplicable. A través de los cristales no le llegaba su voz, pero por el movimiento de sus labios pudo descifrar un grito angustioso: «Por favor, hija, ayúdame». La chica reprendió a Luisa, que temblaba de miedo: «¿Lo ves? ¡Te dije que se hacía demasiado tarde!».

Transcurridos unos segundos de pánico, Luisa se levantó y plegó la pantalla de aquel aparato infernal. Salió corriendo de su cuarto y fue a la cocina. Allí, vio horrorizada a su madre paralizada en la silla, con la mirada perdida, suplicando con un hilo de voz:

–Por favor, hija, ayúdame...

Luisa, con los ojos dilatados por el espanto, se dirigió hacia ella y sacudió sus hombros gritando: «¡Mamá, mamá!».

Al notar la sacudida sobre sus hombros, despertó de un sueño pegajoso y terrible. La luz del amanecer se colaba entre las rendijas de la persiana. La madre de Luisa recogió un aparato del suelo y lo dejó sobre la mesilla.

–¡Otra noche te has dejado la consola encendida! Hija, a ver si dejas ya de jugar con estos chismes tan tontos...

RICARDO GÓMEZ

pericia: habilidad, destreza, maestría.
franqueando: pasando al otro lado.
vetusto: muy viejo o muy antiguo.

REGISTRO DE LECTURA

1. ¿Cuál es la consola que utilizó Luisa? Escribe el número que corresponde.

1

2
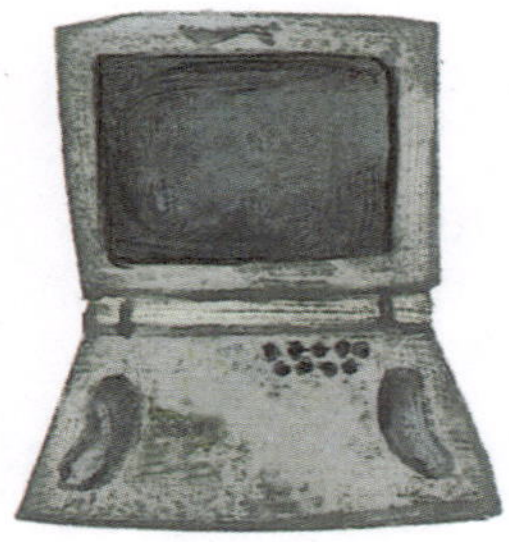

3

2. ¿Qué imágenes pertenecen al juego de Luisa? Marca.

3. Observa y explica.

- ¿Por qué estaba la consola en el suelo?
- ¿Qué le había pasado a Luisa en realidad?

4. Expresa tu opinión.

- ¿Te ha gustado la historia?
- ¿Qué es lo que más te ha gustado? ¿Por qué?
- ¿Qué cambiarías? ¿Por qué?

▶ Cuenta brevemente alguna pesadilla que recuerdes.

El cuento y la videoconsola

Estaba un pobre cuento
muy triste y aburrido en un estante,
tan sucio y polvoriento,
con un aire tan poco interesante
que el pobrecillo decía lastimero:
–Cualquier día me venden a un trapero.
Desde el **infausto** día
en que los Reyes trajeron a la **intrusa**,
esa gran tontería,
una videoconsola **made in** USA,
y la dejaron posada en los zapatos
de esos niños inocentes pero ingratos,
nunca más me han leído,
ni siquiera un curioso me ha hojeado
por gusto o por descuido.
Puedo decir que ya estoy jubilado
y no entiendo el motivo de este **agravio**,
pues soy tan divertido como sabio.

–Permite que me ría
–le dijo la consola un poco chula–,
yo, tu sabiduría
y tu gran diversión encuentro nula.
Leer es algo viejo y anticuado
que trae a todo el mundo sin cuidado.

Los niños demostraban
cuánta razón tenía la consola,
pues con ella jugaban
y ni un momento la dejaban sola.
A tal punto a jugar se aficionaron
que hasta de los estudios se olvidaron.

Y como consecuencia
cosecharon enormes calabazas,
y, con poca paciencia,
su madre los llenaba de amenazas:
–¡Si os vuelvo a ver jugar con ese objeto,
lo guardo para siempre, os lo prometo!

infausto: desgraciado.
intrusa: que está donde no debe.
made in: expresión inglesa que significa «hecha en».
agravio: ofensa hecha a alguien.

Muy pronto en el estante
son dos los favoritos olvidados:
la consola parlante
y el libro de los cuentos anticuados.
Y por matar el rato conversaban
y su mala fortuna comentaban:
–¡Qué vida, compañero!
–decía la consola **compungida**–.
Metida en un trastero,
sin pilas y asqueada de la vida.
–Mírame a mí –decía el cuento triste–
y recuerda el mal trato que me diste.

Un día se olvidaron
de tantas lagrimitas y lamentos
porque se enamoraron.
Estaban cada día más contentos
y con sus historietas y sus guiños
alegraban el cuarto de los niños.

¿Y cuál es la moraleja
de esta pintoresca historia?
Que la vida da mil vueltas
como si fuera una noria.

ESTRELLA MOLINA

TALLER

1. Elabora un cómic con la historia que se cuenta en el poema. Puedes empezar así.

2. Escribe tu opinión sobre la moraleja del poema.

▶ Intenta escribir tú una nueva moraleja para este poema.

compungida: apenada, dolorida, afligida.

9 Un mundo fantástico

A Marta le gustaban los números **capicúas**. Por eso, cuando abrió los ojos después de oír el zumbido, vio resplandecer el siete, el cuatro y el siete en su despertador digital. Con desgana pulsó el botón y el zumbido cesó.

Todavía tenía mucho sueño, pero no quería dormirse de nuevo, ni siquiera intentarlo por unos minutos, pues seguro que entonces llegaría tarde. Hizo acopio de todas sus fuerzas y sacó el brazo para retirar con violencia la ropa de su cama.

Cuando empezó a sentir frío, se levantó de un salto y se puso el albornoz, a oscuras, para que sus ojos no sufriesen gratuitamente, ya que conocía el recorrido de memoria. Al llegar al cuarto de baño, algo más despejada, encendió la luz y empezó a cepillarse los dientes, que era lo primero que hacía todos los días. Luego se miró en el espejo y, sin saber por qué, recordó una conversación que había tenido en la facultad el día anterior.

Marta había estado hablando con varios compañeros sobre mundos fantásticos, países extraordinarios, reinos fabulosos… Quizá había soñado con algo relacionado con aquello, aunque no lo recordaba con claridad.

En aquel diálogo entre amigos, todos habían estado de acuerdo en que los mundos fantásticos eran fascinantes. Sólo Julián intervino para precisar el tema de una manera tan **prosaica** como de costumbre:

–Si hubiese un mundo encantado, seguramente ninguno de nosotros podría entrar. Nosotros no somos nada maravillosos.

Y era verdad. Eso era lo que le molestaba a Marta: que, en el fondo, Julián tenía razón. A ese mundo maravilloso no podrían acceder unos seres tan corrientes, incluso tan aburridos como eran ellos.

Mientras seguía cepillándose los dientes, empezó a pensar ilusionada: «En algún lugar tiene que haber un mundo fantástico. La imaginación existe. Si yo fuese como Alicia, y este espejo fuese como aquél…».

---

capicúas: que son iguales leídos de izquierda a derecha que de derecha a izquierda.
prosaica: vulgar, sin dar cabida a la imaginación.

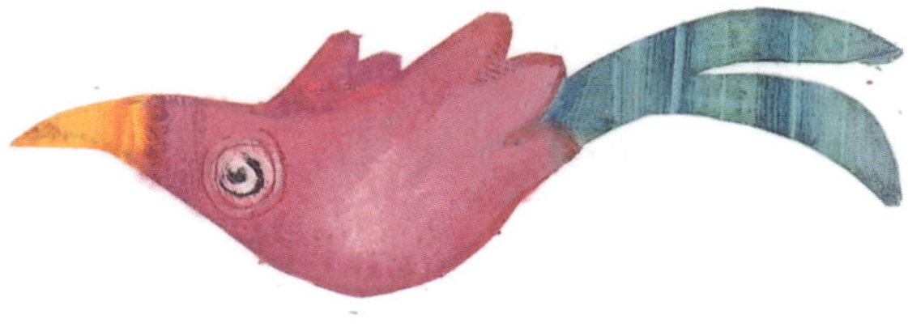

La mano de Marta se acercó al espejo lentamente. Cuando ya iba a tocarlo, se detuvo. La otra mano seguía sujetando el cepillo de dientes. Salió de su ensoñación y se vio reflejada en el espejo. Volvió a extender la mano y no tropezó con nada, sólo sintió el vacío. Un relámpago cruzó por su cabeza y, sin pensarlo ni un momento, dio un salto hacia adelante y atravesó… el espejo.

Sintió que caía sobre una capa de mullido césped. Se quedó **petrificada**. «Luego… es verdad», penso, «existen los mundos fantásticos. Esto es alucinante». Se levantó y miró ansiosamente a su alrededor. Estaba en el pequeño claro de un bosque. Era un bosque insólito. Los árboles tenían colores chillones: naranja, rosa, malva… Las nubes adoptaban formas caprichosas, como si estuviesen esculpidas. Se podían ver nubes con forma de tortuga, de helado, de caballo, de palacio… También había setas del tamaño de un semáforo, pájaros de todas las formas y de todos los colores… En fin, aquello era fabuloso.

Marta seguía ensimismada, mirase donde mirase descubría algo nuevo, cada vez más sorprendente.

Por un momento recobró la lucidez y se miró a ella misma. Seguía con su cepillo de dientes en la mano y vestida con el pijama y el albornoz. A sus veintitrés años era la primera vez que se sentía ridícula estando a solas. Guardó el cepillo de dientes en el bolsillo del albornoz, se compuso ligeramente y, ya más resuelta, empezó a examinar con detenimiento los alrededores.

petrificada: inmóvil, como si fuese de piedra.

Marta decidió tomar un pequeño sendero que se abría en el bosque. No había dado más de treinta pasos cuando vio, sobre una piedra y justo al lado del camino, un sapo. Era un sapo enorme. Marta se paró, lo miró fijamente y pensó que era la primera vez que veía un sapo de verdad. Antes había visto alguno en fotos o en la televisión, pero nunca al natural. Le pareció un animal un poco asqueroso. Si ya una rana le producía cierta repugnancia, el sapo era mucho peor, grande, arrugado y con esa bocaza...

Un destello cruzó la mente de la joven. Se preguntó cómo un bicho tan **repelente** podía estar en ese mundo fantástico y maravilloso. Pero esta idea desapareció cuando recordó los cuentos de hadas y asoció el **batracio** a los príncipes.

Eso era. Allí había un sapo, pero podría ser... Más bien, seguro que era... un príncipe. Sólo faltaba el trámite del beso.

Pero... ¿funcionaría? La duda se apoderó de Marta. Ella estaba dispuesta a darle un beso al sapo, aunque no le hiciese mucha gracia; siempre y cuando, por supuesto, luego se convirtiese en un joven príncipe que la llevase a su maravilloso palacio. Sin embargo, ¿y si después de darle un beso al bicho repugnante ese, que la miraba con ojos saltones, no se convertía en un príncipe? ¡Menudo asco y menudo chasco!

---

repelente: repugnante, repulsivo.
batracio: denominación de los anfibios, como el sapo y la rana.

Se quedó pensativa. Intentaba **calibrar** ambas opciones. Su cabeza bullía. Pensó que la ocasión era única y, aunque le diese cierto repelús, no tendría otra oportunidad de comprobar hasta qué límite llegaba la fantasía.

Se agachó con lentitud. Siguió mirando fijamente al batracio, se puso de rodillas, acercó su cara al sapo y… se detuvo a diez centímetros. El sapo ni **se inmutó**. Marta estaba decidida, aunque sentía repugnancia todavía…

En ese momento, el sapo dio un pequeño salto y, sin que Marta pudiese hacer nada por impedirlo, fue el animal quien le dio un sonoro beso a ella.

De repente, un extraño calor invadió todo su cuerpo. Notaba rara su piel. No sentía ni sus brazos, ni sus piernas, ni su rostro… Se dio cuenta de que algo había cambiado. Bajó la cabeza para observarse a sí misma y un grito desgarrador salió de su garganta. ¡No sólo el sapo no se había convertido en príncipe, sino que ella se había transformado en sapo!

Ya no era una joven universitaria, ni la finalista del campeonato de ajedrez de su facultad, ni… nada. ¡Era un sapo!

–Te noto triste. ¿Te ocurre algo?

Marta se sobresaltó. No esperaba que aquel sapo que estaba junto a ella hablase, y mucho menos que fuese educado y sensible.

calibrar: estudiar con detalle algo, calcular.
se inmutó: se alteró, se impresionó.

–¿Sabes hablar? –preguntó Marta asombrada.

–¡Pues claro! ¿Por qué te extraña? ¿No hablas tú?

–Sí, pero yo soy una persona.

–¿Seguro?

Marta notó cierta ironía en la pregunta y empezó a tartamudear:

–Es que… yo… Antes… yo…

–No te preocupes. Ya te acostumbrarás –dijo el sapo en tono tranquilizador, intentando **confortarla**–. No te creas que esto es tan malo…

–Pero es que…

–Déjame que te explique. Verás, este mes me ha tocado a mí ser el portero. Yo soy quien deja o no deja entrar a los extraños en Anfistán, que es el mundo de los sapos. Pero no creas que lo hacemos caprichosamente, no. Quien atraviesa un espejo tiene mucho ganado, aunque no es suficiente. Tenemos que comprobar también si es sensible, honesto y alegre. Ésos son nuestros tres requisitos principales. Creo que tú te merecías entrar. Además –en este momento bajó la voz y miró a su alrededor para cerciorarse de que no había nadie cerca–, hoy no tengo ganas de examinar a nadie. Me fío de ti.

–Gracias…

–Kuino. Me llamo Kuino. Antes, cuando era como tú, me llamaba Andrés. Pero me gusta más Kuino. Es un nombre más…, más de sapo. ¿Te imaginas un sapo que se llamase Andrés? ¿Verdad que no?

–Gracias, Kuino. Pero es que yo…

–Sí, sí, espera. Yo también caí aquí de casualidad. Me atraía la fantasía y un día me miré en un espejo, pensé lo mismo que tú has pensado hace un rato y, ya ves, aquí estoy. Llevo ya más de tres años de sapo.

–¡Tres años! –repitió Marta.

–Sí. Y pienso seguir muchos más.

–¿Cómo te puede gustar ser un bicho marrón, pequeño y repugnante?

–¿Tú te ves repugnante?

Marta iba a contestar, pero se quedó con la boca abierta. Pensaba decir que ella no era ningún bicho cuando lo pensó mejor y dijo:

–No. Ahora no me veo repugnante…

–Mira, Anfistán es el mundo de los sapos. Todos somos sapos.

La joven no sabía qué decir. Poco a poco iba quedándose sin argumentos. Además, iba acostumbrándose a su nuevo cuerpo y ya no se sentía tan extraña.

–¿Quieres venir a Pistea? –le preguntó Kuino–. Es la ciudad en la que vivo. Allí, tú misma verás cómo es nuestro mundo…, porque ahora es el tuyo también.

–¿Para siempre? –preguntó la chica con cierta angustia.

–Bueno… De eso ya hablaremos. Vamos.

---

confortarla: consolarla, animarla.

Kuino empezó a dar saltos y Marta lo siguió sin pensar muy bien lo que estaba haciendo. De todas formas, aunque lo hubiese pensado, ¿qué otra cosa podía hacer sino ir tras él?

Llegaron a una pequeña colina desde donde se divisaba Pistea. Kuino se detuvo un momento y dijo con orgullo:

–Mira, ahí es donde vivo.

Marta se quedó **obnubilada**. Ni siquiera el mejor de los pintores podía haber imaginado jamás algo parecido. Sólo se veía a lo lejos, pero aquella ciudad era tan maravillosa como un sueño.

Un estanque de forma circular, conocido como la Gran Charca, según informó Kuino, ocupaba el centro de la ciudad. En sus orillas se situaban unas preciosas casas de mimbre y madera en las que podían distinguirse numerosas banderolas de diferentes formas y colores. En uno de los extremos de la ciudad, junto a uno de los cuatro ríos que la surcaban, se encontraba un extraño bosque: no había ni un sólo árbol igual a otro, todos eran diferentes. Y el bosque era inmenso.

Unas extrañas construcciones sobresalían sobre las demás. Según el informe detallado de Kuino, la torre roja era una biblioteca; la pirámide azul era un **balneario**; el edificio gris y amarillo, en forma de pera, un centro gastronómico; y la gigantesca columna anaranjada equivalía a un parque de atracciones humano, pero veinte veces más grande que cualquiera de los que conocía Marta.

–¡Esto es increíble! –exclamó la joven.

–Bueno, será mejor que lo veas tú misma y lo disfrutes tranquilamente.

Y Kuino, a saltos, se encaminó hacia Pistea seguido de Marta.

---

obnubilada: embelesada, fascinada.
balneario: establecimiento en el que se recibe tratamiento con aguas medicinales.

Marta pasó allí las horas más maravillosas de su vida. Disfrutó plenamente con todos sus sentidos. Estuvo en un museo de olores, donde olfateó más de trescientos tipos de moscas que, por cierto, se habían convertido en su alimento favorito. Luego oyó cuentos fantásticos de boca del viejo Grok, el sapo más anciano, conocedor de mil historias. Más tarde probó los ciento veinte platos típicos de la cocina local en los que, por supuesto, los ingredientes básicos eran moscas, mosquitos, moscardones y libélulas. Y por último visitó el balneario, donde tomó un gratificante baño de lodo.

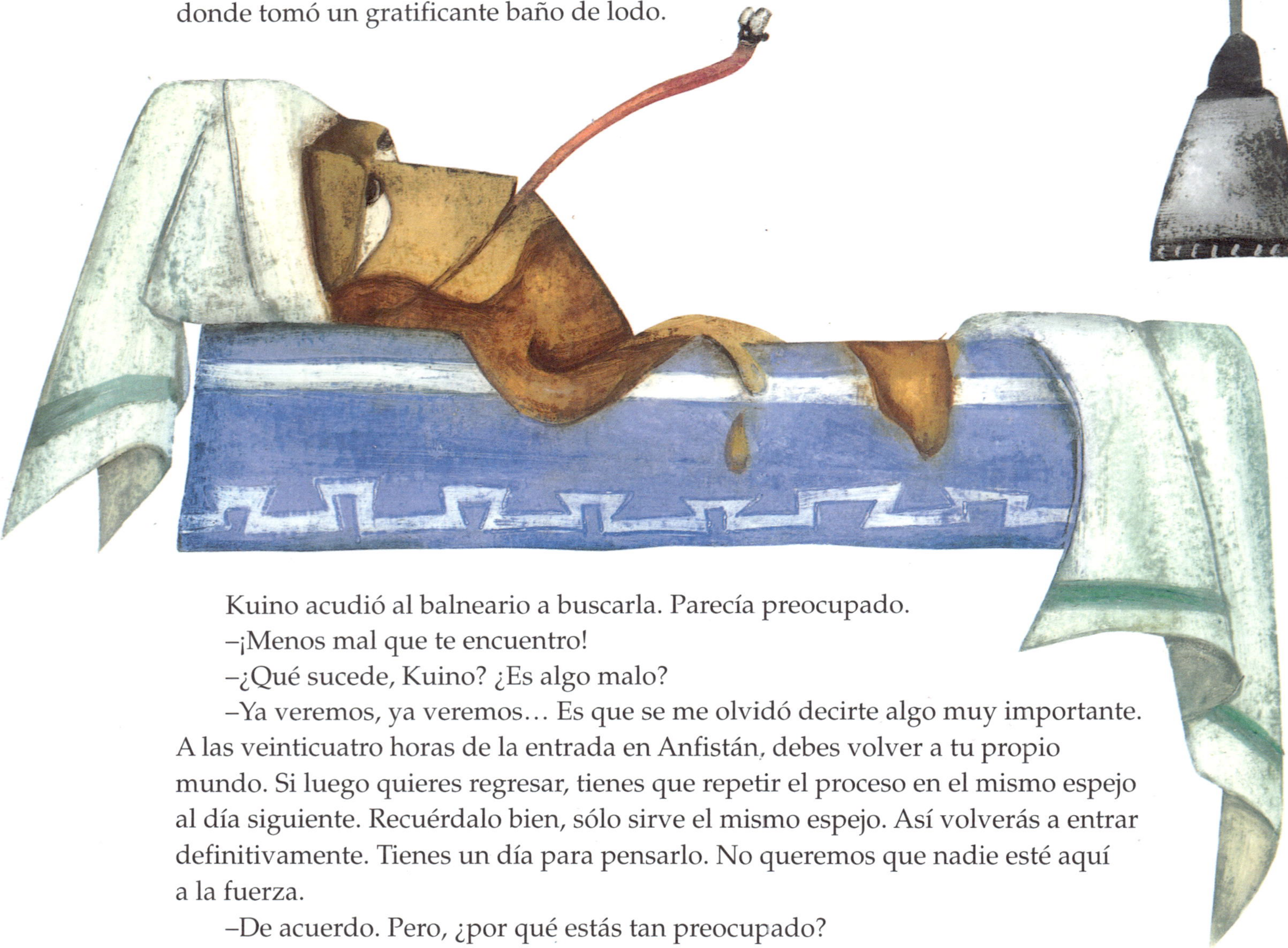

Kuino acudió al balneario a buscarla. Parecía preocupado.

–¡Menos mal que te encuentro!

–¿Qué sucede, Kuino? ¿Es algo malo?

–Ya veremos, ya veremos… Es que se me olvidó decirte algo muy importante. A las veinticuatro horas de la entrada en Anfistán, debes volver a tu propio mundo. Si luego quieres regresar, tienes que repetir el proceso en el mismo espejo al día siguiente. Recuérdalo bien, sólo sirve el mismo espejo. Así volverás a entrar definitivamente. Tienes un día para pensarlo. No queremos que nadie esté aquí a la fuerza.

–De acuerdo. Pero, ¿por qué estás tan preocupado?

–Es que tienes que volver a tu mundo desde el mismo sitio por el que entraste. Es decir, desde el claro del bosque de los colores.

–Bueno… Está bien. ¡Vamos!

–Quedan apenas diez minutos para que se cumplan las veinticuatro horas y si no logras entrar en tu mundo a tiempo, te convertirás en una nube. Aunque podrás elegir la forma que quieras.

–¡Diez minutos! ¡Convertirme en nube! –exclamó aterrada Marta mientras miraba al cielo acongojada.

Sin perder ni un instante, la joven salió disparada hacia el claro del bosque. Mientras la veía alejarse, Kuino empezó a repasar mentalmente todo lo que había hablado con la chica cuando, de repente, en su cara se dibujó una mueca horripilante.

–¡El beso! ¡No le he dicho lo del beso! ¡Soy un desmemoriado!

Y salió a toda velocidad detrás de la joven. Cerca ya del claro del bosque, Kuino la vio a lo lejos. No podía detenerla porque no había tiempo que perder, pero tenía que informarla. Entonces, gritó con todas sus fuerzas:

–Marta… Si no te doy un beso, entrarás en tu mundo con cuerpo de sapo…

Marta lo oyó y se quedó inmóvil. No podía presentarse en su casa con aspecto de bicho pequeño, marrón y saltarín. ¡De sapo!

A medida que se acercaba, Kuino se dio cuenta de que Marta no reaccionaba y que el tiempo se estaba agotando.

–¡Salta, rápido! ¡Salta sobre el álamo violeta!

Y Marta saltó sobre el álamo violeta…

Cayó sobre el lavabo de su cuarto de baño. Allí estaba todavía el tubo de pasta de dientes, abierto. «Esto debe de ser un sueño. No puede ser verdad. Es como si no hubiera pasado el tiempo y todo siguiera igual», pensó.

Pero de inmediato comprobó la dura realidad. No sólo no era un sueño, sino que resultaba una pesadilla: vio su imagen reflejada en el espejo y, efectivamente, se había convertido en un sapo.

Se puso a pensar. Tenía que encontrar alguna solución. De pronto sonaron unos golpecitos en la puerta y oyó la voz de su madre:

–Marta, cariño. Se te ha hecho tarde. Date prisa.

«¿Qué voy a hacer ahora? ¡Menudo disgusto se va a llevar mi madre cuando me vea!», pensaba Marta, sin saber qué hacer. Y entonces se abrió la puerta del cuarto de baño…

La madre de Marta vio el sapo que estaba en el lavabo y dio un grito espeluznante. Pero, incluso con lo asustada que estaba, descubrió algo familiar en aquel pequeño animal y se atrevió a preguntar:

–¿Marta? ¿Eres tú?

–Sí, mamá.

–¿De verdad?

–Sí, mamá…

La pobre madre rompió a llorar. Aquel ser que le resultaba tan desagradable, tan repugnante… ¡era su hija! Y la seguía queriendo. Ahora más que nunca. ¡Pobrecilla! Con ese aspecto de rana gorda… La veía tan desvalida que su instinto maternal se disparó en ese momento. Cogió al animalillo entre sus manos y, cuando le iba a dar un beso con toda su ternura, Marta exclamó con voz angustiosa:

–¡No, mamá! ¡No lo hagas!

Pero fue inútil. En ese mismo instante notó los labios de su madre sobre su piel húmeda. A continuación se golpeó contra el lavabo y, cuando se recuperó de la caída, comprobó aterrada que junto a ella había otro sapo: ¡su madre!

–¡Venga! ¿Salís ya? –se oyó la voz del padre mientras se aproximaba al cuarto de baño.

Madre e hija se miraron aterradas…

Y así empezó la gran transformación animal del planeta. Si los seres humanos dominaron el mundo tras la desaparición de los dinosaurios, milenios después los sapos se hicieron dueños de la Tierra, transformando poco a poco a todas las personas. Así consta en el volumen *Crónicas de nuestros antepasados*, de Ediciones Batracias, publicado en Pistea el año 2345.

RAFAEL ORDÓÑEZ C.

REGISTRO DE LECTURA

1. Contesta.

- ¿Cómo llegó Marta al mundo fantástico?
- ¿Cómo quedó convertida en sapo?
- ¿Cómo se llama el mundo de los sapos?
- ¿Cómo se llama la ciudad en la que vivía Kuino?

2. ¿Qué era cada edificio? Observa y escribe.

3. ¿En qué orden sucedió? Numera.

4. ¿Qué pasó a continuación? Cuenta.

5. ¿Qué contiene este libro? Explica.

La sombra

Si algo me asombra,
es mi sombra.

Se adelanta y me espanta.
Me sigue y me persigue.
Sube muros que no subo.
Cruza calles que no cruzo.

A mí me asombra
esta sombra.

Me hace gigante,
me vuelve enano,
salta delante,
se pone a un lado…
Desaparece,
traidora,
si está nublado.

Pero a mis pies siempre vuelve,
como si fuera una alfombra,
esta sombra que me asombra,
esta sombra... **malasombra**.

INMA DÍAZ

Al poste

Quieto, inmóvil, tieso y solo…
el poste.
Sin belleza ni armonía,
inmutable al ambiente
frío, impasible día a día;
sin alma, pobre poste.
No varía.

Yo quisiera ofrecerte
a ti estos versos,
–ya que nadie un halago te diría–
y que te dignes aceptar,
aunque impasible,
mi triste, humilde y pobre
poesía.

INÉS M.ª GUZMÁN

---

malasombra: molesta, inoportuna; patosa.
inmutable: impasible, que no se altera.

El norte

Cuando estás muy aburrida
y no hay nada que te importe,
cuando todo te da igual,
tú tienes perdido el norte.

Cuando nadie te interesa
en la aldea ni en la corte,
cuando ya «pasas» de todos,
tú tienes perdido el norte.

Cuando no quieres moverte
ni practicar un deporte,
cuando estás alicaída,
tú tienes perdido el norte.

Cuando estés tan deprimida,
amiga, no te dé corte:
busca en el sur, en el este
o en el oeste, tu norte.

A. A. GÓMEZ YEBRA

TALLER

1. Lee y observa.

Esta sombra que se asombra,
esta sombra… malasombra.

▶ Escribe tú otros juegos de palabras con algunos de los grupos que aparecen a continuación.

sigue - persigue - consigue	camino - caminante - caminar
vivo - vivir - vivienda	aparece - aparición - desaparecer
cantar - encantar - desencantar	juegos - jugar - juguetes

10 Sebastian.
Así, sin acento

Yo regalé una vez una guitarra. Fue en invierno, hace casi exactamente un año. Viajaba desde Alicante hacia Granada en mi coche y me detuve en una gasolinera para repostar. Y allí estaban. Dos auténticos **hippies** en pleno siglo XXI. Ella era rubia, aunque su pelo no había recibido un lavado desde hacía bastante tiempo; su origen nórdico era evidente: sueca, noruega o finlandesa. Él tenía el pelo muy negro, parecía asiático, tal vez japonés, y tampoco parecía haber pasado por la ducha recientemente. No creo que ninguno de los dos hubiera cumplido los dieciocho. Estaban junto a la tienda de la gasolinera rodeados de mantas y bultos y embutidos en ropa de abrigo. También su ropa necesitaba un buen lavado. Mientras llenaba el depósito me di cuenta de que se separaban y ella se acercaba a mí, **cautelosa**. Cuando llegó a mi lado le dije: «Sí», antes de que me pudiera pedir nada. Por ejemplo, si les podía llevar en mi coche.

El «sí» la desconcertó:

–Es que… ¿va hacia Granada?

–«Hacia» no, a Granada.

No lo podía creer, y menos cuando le dije que llamara a su compañero:

–Dile que se dé prisa.

–¿Él también?

–¡Claro!

Me reí y los ayudé con los bultos, que apenas cabían en el maletero.

Eran suecos, aunque él, obvio es decirlo, era de origen asiático. O, para ser exactos, coreano. Habían salido de Oslo un mes antes con la intención de llegar a Andalucía en autostop. No me extrañaba que hubieran tardado tanto, por culpa de su equipaje excesivo y su higiene escasa. Pero eran encantadores, gente maravillosa que me recordaba otros tiempos y me inspiraba ternura. Se les había acabado el dinero una semana antes y llevaban durmiendo junto a la gasolinera dos noches sin que nadie les quisiera llevar. Hablamos mucho. Ella se durmió pronto, poniendo en el asiento delantero sus pies calzados con unas **Chuck Taylor** de cuadros escoceses, pero él permaneció despierto y me confesó que su ilusión era llegar a Andalucía para aprender a tocar la guitarra flamenca. No recordaba que hubiera ninguna guitarra entre los muchos bultos y así se lo hice notar.

–La compraré en Granada, o a lo mejor en Sevilla.

–¿Y con qué dinero?

---

hippies: pertenecientes a un movimiento juvenil que surgió en los años sesenta del siglo XX.
cautelosa: que muestra recelo o actúa con precaución y reserva.
Chuck Taylor: jugador de baloncesto estadounidense que trabajó para mejorar el calzado deportivo.

Se rió. Su risa quería decir: «Nos las arreglaremos».

Se las arreglé yo. Cuando llegamos a Granada busqué una tienda de música. Les compré una guitarra hermosa, no muy cara. De él no recuerdo el nombre, pero ella –se llamaba Färo– me preguntó el mío. Se lo dije y su compañero lo grabó en el **mástil** con una navaja: SEBASTIAN, así, con mayúsculas y sin acento. Cuando nos despedimos los vi reflejados en el cristal de un escaparate: se abrazaban, se daban un beso, y yo me sentí muy feliz con su felicidad.

■ ■ ■ ■

A mí me regalaron una guitarra. Fue un tipo muy generoso que nos llevó en autostop a mí y a Färo desde una gasolinera de Alicante hasta Granada. Habíamos pasado dos días enteros junto a la gasolinera, casi muertos de frío, sin que nadie quisiera ayudarnos. Aquel hombre no sólo nos llevó hasta Granada, sino que una vez allí se empeñó en regalarnos una guitarra. Fue mi primera guitarra española y con ella aprendí los primeros **acordes** y Färo cantó sus primeras coplas. El tipo se llamaba Sebastian, yo mismo grabé su nombre en el mástil de la guitarra. Fueron días felices porque con la guitarra y las coplas logramos ganar algún dinero por las calles de Granada, en el **Albaicín** y en la explanada de una iglesia desde la que los turistas, en manada, contemplaban la **Alhambra**.

Una noche nos invitaron a tocar y cantar en un café del centro, a espaldas del Ayuntamiento. Todo salió muy bien, pero la euforia me hizo descuidarme y cuando quise darme cuenta alguien había robado la guitarra. Fue una lástima porque aquella guitarra nos daba suerte. Compré otra y seguimos cantando, pero nada fue ya igual y volvimos a Suecia al acabar el verano. Ya no toco la guitarra, creo que era sólo una ilusión juvenil. A veces me veo con Färo y recordamos aquellos días. Nos acordamos a menudo de aquel tipo. Me da mucho coraje que me robaran aquella guitarra, porque si eso no hubiera sucedido, todo hubiera sido distinto. ¿Cómo? No lo sé. El destino es caprichoso, muy caprichoso.

---

mástil: pieza estrecha y larga sobre la que se tensan las cuerdas de la guitarra.
acordes: grupos de sonidos diferentes que suenan a la vez.
Albaicín: barrio de la ciudad de Granada que conserva la herencia del pasado musulmán.
Alhambra: palacio fortificado construido por los musulmanes en Granada.

Yo robé una guitarra. Fue por necesidad, o esa fue mi excusa. A veces sólo te salen malas cartas y no consigues nada. Aquella noche, no sé ni cómo, fui a parar a un café del centro de Granada donde unos chicos absurdos tocaban y cantaban flamenco. Un amigo me había invitado a una cerveza y un bocadillo, pero pronto me dejó solo. Me quedé en la mesa todo lo que pude porque fuera hacía frío. Y escuché cómo cantaban los chicos absurdos. Absurdos, porque se trataba de una chica nórdica y de un chico japonés. Ella tenía gracia cantando con su acento extranjero, pero él no tenía ni idea de para qué sirve una guitarra. La gente les aplaudía y supongo que hasta les pagaron por aquel asesinato del flamenco.

Me pareció injusto estar allí, sin un euro en el bolsillo, y que ellos se forraran. Yo no soy un profesional del flamenco, pero vengo de una familia de buenos cantaores y guitarristas. En la **ofuscación** de la noche vi que los chicos absurdos habían dejado su guitarra apoyada mientras alguien **les calentaba las orejas** sobre lo bien que sonaban. No sé, pensé que podría hacer lo mismo que ellos en algún otro café, o simplemente les tuve envidia; el caso es que me levanté, cogí la guitarra como quien no quiere la cosa y salí del café con ella. Cuando me desperté en la pensión y la vi junto a la cama me arrepentí, es verdad. Pero calculé que al menos podría venderla y pagar la habitación una noche o dos más. Eso es lo que hice. Había una tienda de cosas de segunda mano en el Albaicín y me dieron menos de lo que valía la guitarra, por culpa de un gracioso que había grabado su nombre en el mástil con una navaja, pero más de lo que necesitaba para salir del paso. Porque al ver el dinero me di cuenta de que era suficiente para comprar un billete para irme a casa. Así que volví a Cádiz y me olvidé de todo aquello. O tal vez no del todo. Nunca he vuelto a robar nada. Ahora, por lo que sé, igual resulta que fui **el buen ladrón**. No deja de tener gracia.

ofuscación: aturdimiento, falta de claridad en el pensamiento.
les calentaba las orejas: les hablaba insistentemente para convencerlos de algo.
el buen ladrón: Dimas, malhechor crucificado con Cristo, que se arrepintió y llegó a ser santo.

Un día vi una guitarra y me enamoré de ella. Siempre he tenido sueños de gloria, pero también he sabido, en lo más profundo de mi mente, que soy un verdadero desastre y que siempre acabo por estropearlo todo. Ya me lo decía mi padre:

–No hay manera contigo, Susana. Si un día heredas una mina de oro, los anillos se harán de plomo.

Pero aquella guitarra… Había ido a buscar cómics de **Corto Maltés** en la tienda de Ocasiones y Cambios del Albaicín, cerca de El Gato Palmero, y allí, entre tocadiscos viejos, lámparas **desvencijadas**, cacerolas sucias, libros desencuadernados y ropa de lana, estaba la guitarra. Tenía grabado un nombre: Sebastian. No sé por qué, imaginé que había sido de un chico italiano que se parecía a Corto, y tal vez por eso sentí dentro de mí aquella llamita, como si teniendo su guitarra conociera a Sebastian de alguna manera. Soy muy romántica, y no creo que tener tan sólo doce años me impida soñar con el amor. Ahora que lo pienso, soy toda sueños: viajes llenos de aventuras, gloria, amor… Como me dice mi amiga Águeda, hay que bajar de los sueños al mundo. Por eso le dije esa tarde a mi padre que estaba segura, ya sabía lo que quería para mi cumpleaños: no, los libros de Corto Maltés ya los iría consiguiendo poco a poco. Quería una guitarra.

–Pero no una cualquiera; mejor para ti, papá, una de segunda mano que está en una tienda del Albaicín cerca de…

Corto Maltés: personaje de cómic creado por el dibujante italiano Hugo Pratt.
desvencijadas: rotas, desarmadas.

El día de mi cumpleaños, por la mañana, mi padre sonreía. Así que lo supe: tendría mi guitarra. Pasé el día, en el colegio, sin poder concentrarme en nada: me veía ya aprendiendo a tocar la guitarra, componiendo mis canciones, grabando mi primer disco, viajando al Mar de la China. Cuando empiezo a soñar no hay quien me pare.

No me había equivocado. Papá volvió tarde, y eso me hizo pasar unas horas horribles. ¿Y si me había comprado otra cosa? Pero no, a la hora de la cena, después de apagar las velas en la pizza (no me gustan los dulces), papá salió de la cocina y volvió con un paquete que no podía ocultar su contenido. Lo abrí con manos temblorosas, y ¡allí estaba! Acaricié su mástil, y sobre todo aquel nombre grabado a navaja: Sebastian.

Me dije a mí misma: el destino me une a Sebastian. ¡Vaya tonta que estoy hecha!

Hay veces que los caminos se abren, y otras veces se cierran. Yo estaba llamada a tocar la guitarra, pero es posible que ese camino se haya cerrado. Me temo que he sido yo la que lo ha cerrado.

Iba a mi primera clase y, pese a que les prometí a mis padres dar un rodeo, me metí por Las Angustias cuando ya estaba oscuro. Quien conoce bien Granada sabe que no es la calle más recomendable de la ciudad. Pero estaba tan segura de mí misma, con mi guitarra en la funda que me había hecho mamá…

Había recorrido media calle cuando vi que junto a un portal pasaba algo raro. Un hombre del que apenas pude ver nada tenía **acogotado** a otro contra la puerta. El acogotador disimuló al ver que me acercaba a ellos. Podía haber dado media vuelta, alejarme del peligro, pero ése no es el estilo de Corto Maltés, ni tampoco el mío. Seguí caminando. Y cuando pasé junto a ellos pude ver los ojos, nada más que los ojos, del acogotado. Me miraba como sólo mira alguien muy desesperado buscando alguna ayuda. Y entonces vi el brillo de la navaja en la mano del otro.

Di dos o tres pasos más. ¿Qué podía hacer, papá? ¡No tenía nada más! Giré sobre mí misma, agarrando tan fuerte como pude, con las dos manos, la guitarra por el mástil. Y la guitarra también giró, con mucha velocidad. No lo había calculado muy bien que digamos, pero fue a impactar en mitad de la espalda del hombre de la navaja.

Sonó bien, palabra. Un «clonk» muy musical, pero me quedé con la guitarra partida en su funda, paralizada. La navaja voló por el aire y el hombre salió corriendo calle abajo. ¡Parecía una viñeta de mi cómic favorito!

El otro, el que estaba siendo atacado, se quedó con los brazos abiertos, una postura muy absurda, como un Cristo crucificado. Miraba cómo corría su asaltante y luego a mí. Me dijo algo, pero yo ya estaba sacando lo que quedaba de la guitarra. Partida. Por la mitad del mástil.

Me llevé la funda, pero dejé la guitarra en el suelo y volví hacia casa. El hombre me siguió un rato, me preguntaba cómo me llamaba, yo qué sé. No tenía ganas de hablar. Por fin me dejó en paz.

Papá ni me ha creído ni me ha dejado de creer, pero ha dictado su **sentencia**:

–Te dije que no fueras por ahí, te lo dije. Tú has elegido.

Pues sí, he elegido. Da igual, soy una caja de sueños. A lo mejor mañana tengo otra guitarra esperándome. Igual me la trae Corto Maltés.

–¡O Sebastian! –he pensado.

Ya lo he dicho: cuando me pongo a soñar no hay quien me pare.

acogotado: inmovilizado; cogido por el cogote, la parte posterior del cuello.
sentencia: expresión breve que contiene la opinión o el juicio sobre algo.

Y a mí me salvó la vida una guitarra. O, mejor dicho, una niña con una guitarra. Una niña tan pequeña que podría ser mi nieta. La culpa fue mía, no puedo evitar ser curioso, un curioso **impenitente**. No volvía a Granada desde hacía más o menos un año y en cuanto pude me puse a caminar por sus calles más antiguas. Dejaba mi visita a la Alhambra para el día siguiente, para volver a disfrutarla a gusto. Y no hice caso a lo que me había dicho un amigo: por aquellas calles, nunca de noche. Pero me gusta el peligro, la parte oscura de las ciudades. Me **abordó** un tipo que parecía desesperado. Al principio sólo hablaba, pero cuando traté de escabullirme sacó una navaja y le di la cartera. Y al ver que llevaba apenas unos euros se enfadó tanto que creí que me acuchillaba sin más. **Farfullaba** cosas sobre la vida, yo creo que ni sabía lo que decía. «Te mato y así a ver si aprendes», susurró de pronto. Me dio tiempo a pensar que su frase era absurda: si me mataba no aprendería nada, o me serviría de muy poco. Él ya había iniciado el movimiento de su brazo hacia atrás, pero oímos unos pasos y se detuvo. Al principio pensé, qué suerte. Pero luego rectifiqué: qué mala suerte. Porque era una niña, nada más que una niña. Me miró a los ojos pero siguió caminando. ¡No podía pedirle ayuda a una niña!

No me di cuenta de nada. De repente escuché un ruido sordo y, la verdad, casi musical: ¡Catacronk! El cuchillo voló por los aires y el atracador salió corriendo, se perdió en la oscuridad.

Me quedé paralizado, viendo cómo la niña miraba lo que había dentro de la funda: una guitarra. Rota. La sacó de la funda y la dejó en el asfalto sucio. Se fue por donde había venido. Yo salí detrás de ella, intentando preguntarle cómo se llamaba, pero parecía hipnotizada, como si no me oyera.

Volví a por la guitarra rota, pensando en seguir a la niña hasta su casa. Recogí los dos pedazos y corrí hasta tenerla a la vista. No quería asustarla, así que me mantuve a distancia, hasta que la vi entrar en un portal. Decidí irme al hotel y dejarlo para el día siguiente: le compraría una guitarra y se la llevaría a casa. Sonreí, feliz, al pensar en la cara que pondría al verla.

Entonces, sólo entonces, miré la guitarra, para decidir si la tiraba allí mismo o la podía llevar a algún sitio en el que pudieran repararla. No era muy buena, y me recordó a una guitarra que…

Y miré el mástil. No puede ser, me dije. Pero sí, era. No es que la vida esté llena de sorpresas, es que la sorpresa es la vida: allí, en el mástil, grabado a navaja, estaba mi nombre: SEBASTIAN. Así, sin acento, tal como lo había grabado aquel chico sueco de origen japonés. ¿O era coreano?

GONZALO MOURE

impenitente: incorregible, obstinado.
abordó: se acercó para decir algo.
farfullaba: decía algo de forma confusa y atropellada.

REGISTRO DE LECTURA

1. Contesta.

- ¿Dónde encontró el automovilista a los dos hippies?
- ¿Hasta qué ciudad los llevó en su coche?
- ¿Para que querían ir los dos hippies allí?
- ¿Qué les regaló el automovilista cuando llegaron a la ciudad?
- ¿Qué hizo el chico coreano en el mástil de la guitarra?

2. ¿Qué personajes intervienen como narradores para contar la historia? Continúa la serie en orden.

Ten en cuenta que uno de ellos interviene en dos ocasiones.

1. Sebastian. 2. El hippie. 3. ________ 4. ________ 5. ________

3. ¿Cómo llegó la guitarra hasta Susana? Cuéntalo brevemente.

4. Observa la situación reflejada en la viñeta y contesta.

- ¿Quién es este personaje?
- ¿Qué había pasado antes?
- ¿Qué iba a hacer después?

5. Expresa tu opinión.

- ¿Te ha gustado la historia?
- ¿Qué es lo que más te ha gustado? ¿Qué cambiarías?

Poema de los instrumentos

I

Si quieres mi **guita**,
ráscame las cuerdas,
saltará la música
que mi cuerpo encierra.

II

Con trabajo viene,
con trabajo va,
con trabajo toca
la marcha triunfal.

III

Si pasas tus dedos
por mis dientes blancos,
por mis dientes negros,
te daré la música
que duerme en mi pecho.

IV

Una mariposa
posada en mi hombro.
Con un arco pulso
sus cuerdas de oro.

MANUEL JURADO

El rockero

Aquel muchacho escribía
canciones de rock and roll.
Una guitarra tenía
en lugar de corazón.

Y en la guitarra, un reloj
que en las horas repetía
las antiguas melodías
de sus cantantes de rock.

MANUEL JURADO

guita: dinero.

El walkman

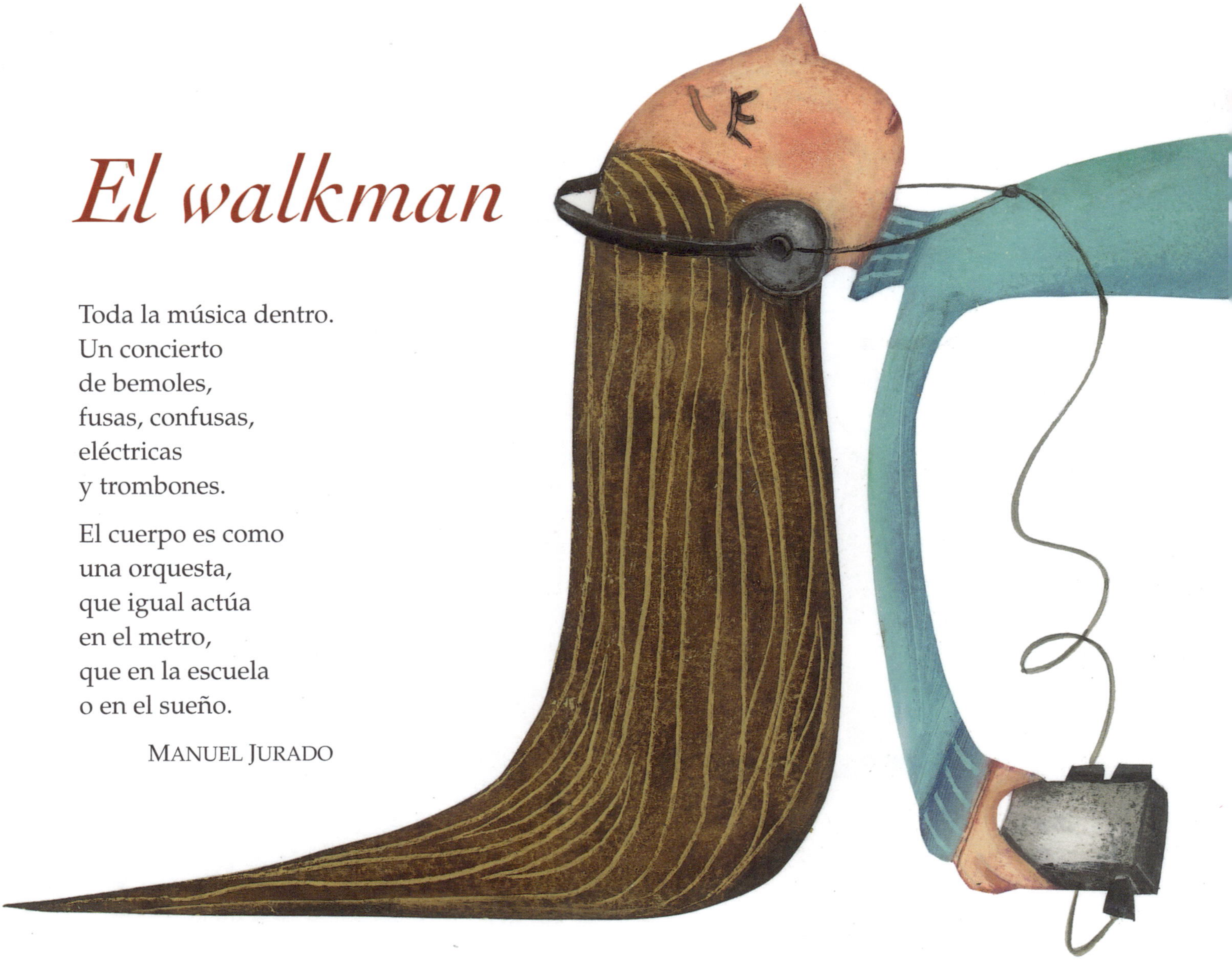

Toda la música dentro.
Un concierto
de bemoles,
fusas, confusas,
eléctricas
y trombones.

El cuerpo es como
una orquesta,
que igual actúa
en el metro,
que en la escuela
o en el sueño.

MANUEL JURADO

TALLER

1. Vuelve a leer la segunda y la última estrofa de *Poema de los instrumentos.* Ahora observa y lee en voz alta.

Ton trabajo tiene,
ton trabajo ta,
ton trabajo toca
ta tarcha triunfal.

Muna mariposa
mosada men mi mombro.
Mon mun marco mulso
mus muerdas me moro.

▶ Elige el poema que quieras y escríbelo haciendo que todas las palabras comiencen por la misma letra.

La corte...
¡Loca de remate!

PERSONAJES

- ACTOR I
- ACTOR II
- ACTRIZ I
- ACTRIZ II
- REY
- CONSEJERO
- REINA
- SIRVIENTES
- DONCELLAS
- SOLDADOS
- PRINCESA I
- PRINCESA II

AMBIENTACIÓN

Al abrirse el telón aparecerán todos los personajes que intervienen en la obra charlando animadamente y haciendo ejercicios de estiramiento, en un espacio que sugerirá un aula de teatro. Habrá baúles abiertos en los que se verán telas, gorros, disfraces, máscaras…

El grupo de personajes oscilará de acuerdo con el número de alumnos que participe en la obra. Así, puede aumentarse o reducirse el número de sirvientes, doncellas y soldados.

El grupo, a excepción de los movimientos concretos que se indican en ocasiones, permanecerá siempre en el escenario formando una fila, que no tiene que estar perfectamente alineada; por el contrario, algunos de sus miembros cambiarán de posición dentro de ella.

Como complementos, se pueden preparar dos coronas de cartón para el rey y la reina, unas gorras militares para los soldados y delantales para los sirvientes.

ACTOR I. *(Avisando a los demás.)* ¡Se ha abierto el telón!

ACTOR II. *(Mirando de reojo al público.)* ¡Ahí va! ¡Menudo follón!

ACTRIZ I. *(En voz baja se dirige a todos, que se muestran nerviosos.)* ¡Y hay público, mirad!

ACTOR II. *(Más animado.)* Pues habrá que actuar.

ACTRIZ I. *(Asustada.)* ¿Así? ¿Sin ensayar?

ACTRIZ II. Siempre se puede improvisar…

(Todos dirigen la mirada hacia el ACTOR II, que está asintiendo con la cabeza.)

ACTOR II. ¿Qué? ¿Qué puedo hacer?

ACTOR I. *(Empujándolo hacia el centro del escenario.)* ¡Actuar como un rey!

ACTRIZ II. *(Toma las riendas de la situación y organiza a sus compañeros.)* ¡Estamos en la corte!

(Todos, alineados en el escenario, simulan prepararse: se pasan los dedos por el pelo para peinarse, se aclaran la garganta, se colocan la ropa…)

ACTOR II. *(Nervioso, agobiado.)* ¡Madre mía! ¡Qué corte!

(Del grupo de personajes se adelanta uno de ellos, aparta al ACTOR II, ocupa su sitio y se presenta mirando al público.)

REY. ¡Soy el rey Tomás!

TODOS. *(A coro y haciendo una reverencia.)* Graciosa Majestad…

REY. *(Con una gran sonrisa.)*
Soy el rey Tomás,
listo para reinar.

ACTRIZ I. *(Aproximándose al REY.)* Señor, ¿y su corona?

ACTRIZ II. *(Se acerca a la ACTRIZ I, le habla en voz baja y le da una corona.)*
¡Venga, dásela, toma!

ACTRIZ I. *(Le pone la corona al REY.)*
Muy bien, Majestad.
¡Vaya, qué guapo está!

REY. *(Con autoridad.)* ¡Quiero mandar!

TODOS. ¡Pues mande, rey Tomás!

REY. *(Frotándose las manos y paseando nervioso por el escenario.)*
Pero… ¿qué hago?
¡Yo nunca he mandado!

(Del grupo de personajes se adelanta otro y se acerca al REY.*)*

CONSEJERO. *(Con una gran sonrisa.)* Señor, yo seré su consejero.

REY. *(Suspira aliviado.)* ¡Hable sin tardanza, caballero!

CONSEJERO. *(Con aire de hombre interesante.)* Lo primero que necesita es una reina.

REY. *(Aprobando la idea.)* Pues… ¡que venga, que venga!

CONSEJERO. *(Señalando a una chica de la fila de personajes.)* ¡Ya la tengo! ¡Aquí está!

TODOS. *(Miran hacia ella y la saludan con una reverencia.)* Hermosa Majestad…

REINA. *(En tono desagradable.)*
¡Por Dios, callaos ya!
Si reina voy a ser,
decidme qué he de hacer.

ACTRIZ II. *(Con aire de suficiencia ante la soberana.)* ¡Ponga cara de reina!

TODOS. *(Miran a la* REINA *y la animan.)* ¡Venga, Majestad, venga!

REINA. *(Con aire de superioridad.)* ¿Dónde está mi corona?

ACTRIZ II. *(Coge rápidamente otra corona y la muestra.)* ¡La tengo aquí, señora!

REINA. *(Con la corona en la cabeza.)* Pero… ¡si no me cabe!

ACTRIZ II. *(Demostrando cansancio y desagrado, le quita la corona y le enseña una nueva, imaginaria.)*
¡Vale, Majestad, vale!
¿Ésta le gusta más?

REINA. *(Observando la corona inexistente.)*
Podría ser… Quizá…

ACTRIZ II. Tiene doce brillantes
y quince diamantes.

REINA. *(Muy satisfecha.)* ¡Mejor que la de antes!
Ahora necesitaré… ¡sirvientes!

(Dos personajes salen de la fila en la que sigue el grupo y hacen una reverencia a la REINA.*)*

SIRVIENTES. ¡Alteza real, presentes!

REINA. *(Mira y señala a dos chicas de la fila.)*
Ahora necesitaré… ¡doncellas!
¡Las quiero a ellas!

(Tímidamente se acercan las dos.)

DONCELLAS. ¿Nosotras, Majestad?

REINA. *(En tono autoritario.)*
¡Pues claro! ¡Acercaos ya!
¡Y traedme un vestido!

DONCELLAS. *(Mirándose entre ellas, sin saber qué hacer.)* ¿Un vestido hemos oído?

REINA. *(En tono cursi.)* ¡Sí! De telas delicadas…

REY. *(Dirigiéndose al público.)* ¡Qué reina más pesada!

DONCELLAS. *(También hacia el público.)* ¡Pesada y maleducada!

REINA. *(Exigente.)* ¡Quiero ese vestido ya!

DONCELLAS. *(Asustadas, se van corriendo.)* ¡Ya vamos, Majestad!

REY. *(En voz baja, al CONSEJERO.)*
¡Siempre está enojada!
¡No me gusta nada!

CONSEJERO. *(Primero, en voz baja, al REY; luego se dirige a la REINA.)*
Tranquilo, rey Tomás,
que yo lo voy a arreglar.
Hermosa Majestad,
¿me puede acompañar?

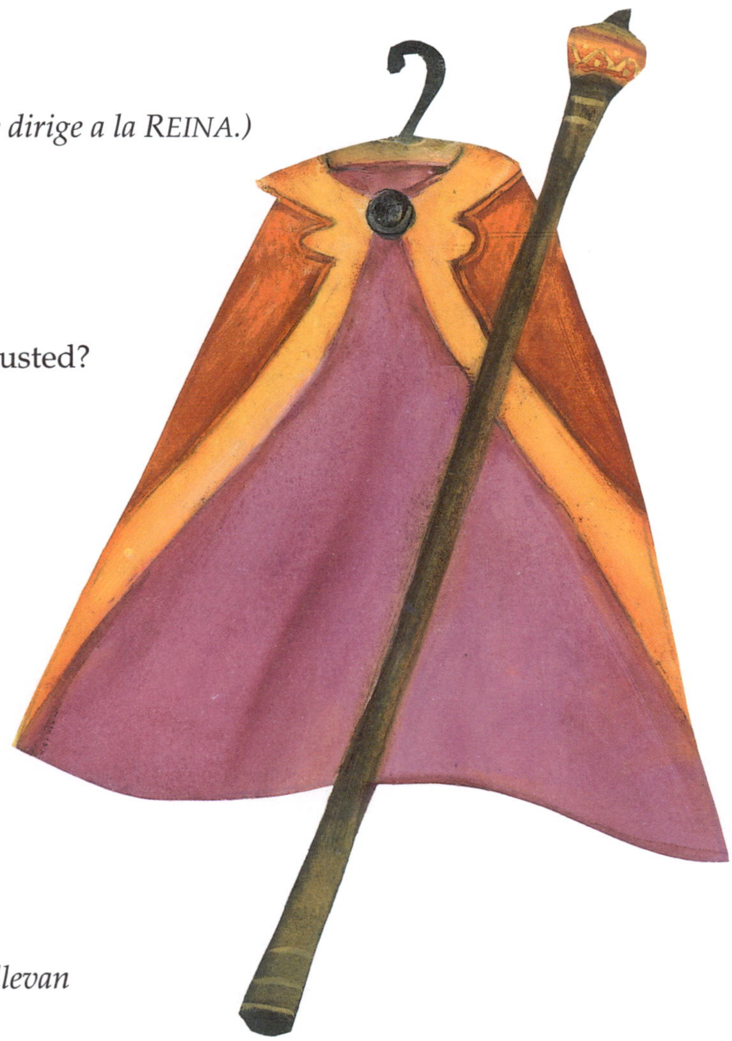

REINA. *(En tono despectivo.)* ¿Por qué? ¿Quién es usted?

CONSEJERO. *(Levantando la cabeza con orgullo.)*
¡Un ministro del rey!

REINA. *(Burlona.)*
¿De este rey tan penoso?
¡Resulta hasta chistoso!

ACTRIZ II. *(Acercándose.)* Señora, por favor…

REINA. *(Furiosísima.)*
¡Cállese! ¡Es lo mejor!
¡Tráigame ya el vestido!
¿Me ha oído?

ACTRIZ II. *(A gritos.)* ¡El vestido! ¡El vestido!

DONCELLAS. *(Entran con un vestido invisible que llevan entre las dos.)* ¡Ya vamos! ¡Aquí está!

REINA. ¡Oh, qué preciosidad!

DONCELLAS. ¿Le agrada de verdad?

ACTRIZ II. ¿Desea probárselo, quizá?

(Las DONCELLAS se lo prueban con gran delicadeza. Se oyen expresiones de admiración.)

ACTRIZ I. Le queda… ¡ideal!

REINA. Bueno… No está mal.

CONSEJERO. *(A las doncellas, en voz baja.)*
La reina es caprichosa,
muy terca y maliciosa.

REINA. ¿Qué comentas, tunante?

CONSEJERO. Que os queda como un guante…

SIRVIENTES. *(Muertos de risa.)* ¡Le queda fatal!

REINA. ¿Me ha parecido escuchar...?

CONSEJERO. ¡Sen-sa-cio-nal!

REY. ¡Callaos, que quiero hablar!
¡Esta corte es una calamidad!
¡No tengo ni guardia real!
¡Qué barbaridad!

(De la fila salen tres personajes haciendo el saludo militar.)

SOLDADOS. ¡A la orden, Majestad!

REY. *(Con aire satisfecho, pasa revista a sus tropas.)*
Esto ya me gusta más.

ACTRIZ I. *(Gritando.)* ¡Se busca una princesa!

CONSEJERO. *(Perplejo.)* ¡Vaya sorpresa!

REINA. ¿Cómo puede haber una corte sin princesa?

REY. *(Decepcionado, mira a su alrededor.)* ¡Y tampoco hay súbditos!

CONSEJERO. ¡Claro que los hay: el público!

(Todos miran hacia el patio de butacas. El REY y la REINA se dirigen al público que asiste a la función.)

REY. Eso ya me gusta más.
¡Tengo a quien mandar!
¡Venga, levantaos!

REINA. *(Con gesto agrio, tras unos segundos.)* ¡Y ahora, todos sentados!

REY. ¡Qué educados!
¡Háganme una reverencia!

REINA. *(Aplaudiendo.)* ¡Oh, qué diligencia!

REY. ¿Me pueden aplaudir?
Me haría tan feliz…

REINA. *(Primero, con cara de fastidio, de aburrimiento. Luego mira hacia la fila de personajes y señala a una chica.)*
¡Yo quiero una princesa!
Por ejemplo, ésa.

(Una chica sale de la fila. Todos empiezan a hablar muy animados y, mientras tanto, la chica sale del escenario y desaparece.)

ACTRIZ I. *(Alarmada.)* ¡Majestad, Majestad!

CONSEJERO. ¿Qué sucede? ¡Hable ya!

ACTRIZ I. ¡Han raptado a la princesa!

ACTRIZ II. *(Llorando.)* ¡Pobre princesa Teresa!

REY Y REINA. *(Llorando.)* ¡Pobre princesa Teresa!

TODOS. *(Llorando.)* ¡Pobre princesa Teresa!

REY. *(A los soldados.)* ¡Soldados, busquen a la princesa!

SOLDADO. Señor, ¿a qué princesa?

TODOS. *(A coro.)* ¡A la princesa Teresa!

REINA. *(Hecha un mar de lágrimas.)* ¡Ay, mi niña pequeñita!

DOCELLAS. *(Se unen a la REINA.)* ¡Ay, nuestra princesita!

CONSEJERO. *(Intentando hacerse dueño de la situación.)*
¿Quién puede habérsela llevado?

ACTRIZ II. Pues… ¡un dragón malvado!

TODOS. ¡Qué horror!

REINA. ¡Qué dolor!

REY. ¡Qué estupor!

SOLDADOS. *(Se ponen firmes y hacen un saludo militar.)*
¡Rescataremos a la princesa al instante!

CONSEJERO. ¡Y traed la testa del dragón horripilante!

REY. *(Con autoridad.)* ¡Traedla de inmediato!

SOLDADOS. ¡Cumpliremos su mandato!

CONSEJERO. ¡Vuelvan enseguida!

SOLDADOS. *(Salen.)* ¡Lo que usted diga!

REINA. *(Llorando.)*
¿Qué haremos ahora,
sin la princesa Aurora?

TODOS. *(Desconcertadísimos.)*
Es Teresa, señora.
No es Aurora.

REY Y REINA. *(Ajenos a todo, gimen.)* ¡Ay, ay!

(Entran los soldados con una chica. De forma muy visible, uno de ellos trae, cogida con dos dedos, una cabecita de goma, de cualquier animal de juguete.)

SOLDADOS. *(Con solemnidad.)*
¡La princesa Teresa
con su boca de fresa!
Y, cómo no,
la testa del dragón.

REINA. *(Aparta la vista de la cabecita de juguete y pone cara de asco.)*
¡Princesita Sofía,
a mis brazos, hija mía!

PRINCESA I. ¡Ay, suélteme, señora!
¡Que yo me llamo Lola!

REY. *(Abrazándola.)* ¡Querida Teresita!

PRINCESA I. *(Revolviéndose incómoda.)*
¡Si me llamo Lolita!
Yo no soy princesa.
¡Lo que soy es marquesa!

TODOS. *(Con extrañeza.)* ¿Dónde está la princesa?

(De la fila de personajes sale otra chica asumiendo con dignidad su papel.)

PRINCESA II. Tranquilos, ya he llegado.

TODOS. ¡El cielo sea loado!

REINA. ¡A mis brazos, querida!
¡Alicia de mi vida!

PRINCESA II. ¿Cómo me has llamado, mamá?
¡Mi nombre es Soledad!

DONCELLAS. *(Reaccionando con entusiasmo.)* ¡Princesa Soledad!

PRINCESA II. *(Autoritaria.)*
¡Que gente más pesada!
Si sigue este tormento,
me iré a mis aposentos.

(Se retira a un lado del escenario. El REY y la REINA, cogidos de la mano, se acercan a ella.)

REY Y REINA. Nuestra dulce niñita…
Amada princesita…

CONSEJERO. ¡Todo se ha resuelto ya!
¡Podemos descansar!
(Con aire relajado.)
¡Nos podemos marchar!

ACTRIZ II. Pero… ¡habrá que saludar!

TODOS. Sí. Con amabilidad…

REY. *(Mirando a la REINA con cariño.)* ¡Disponga, Majestad!

REINA. *(Sonríe al REY y con la mano llama a los SOLDADOS.)*
¡Soldados, a formar!

DONCELLAS. *(Gritando.)* ¡Princesa Soledad, anda a saludar!

CONSEJERO. Y también la otra princesa.
Es decir, la marquesa.

PRINCESA I. *(Con desgana.)*
¡Ay, por Dios, qué pereza!
¡No me dejan en paz!

ACTRIZ II. *(A la REINA.)* ¿Qué hacemos, Majestad?

(La REINA no contesta y se queda pensando.)

CONSEJERO. Podríamos hacer… ¡la ola!

TODOS. ¡Sí, sí! ¡La ola!
¡Cómo mola!

REY. *(Complaciente.)*
¡Sea! ¡Hagamos la ola!
Mejor, muchas.
No una sola.

*(Suena una música alegre y viva.
Todos saludan mientras hacen la ola.
Se va cerrando el telón lentamente.)*

ALICIA BORRÁS

11 La mudanza

–¡Nos mudamos! –gritó mi padre al entrar en casa.

Después dio unos pasos de baile, cogió a mamá por la cintura y se marcaron un **pasodoble**.

–¡Nos mudamos! ¡Nos mudamos! –repetía una y otra vez.

Mis hermanos y yo los rodeamos. Queríamos saber dónde, cómo y cuándo. El porqué era evidente: somos ocho de familia y vivimos en un piso de tres dormitorios.

Papá, que no dejaba de bailar entre el sofá, la mesa, el parque del bebé y nuestros juguetes, nos dijo que íbamos a tener que cambiar nuestros apellidos, García de Pelayo, por los de Afortunados de Veras.

–¿Y eso? –preguntó mamá dejándose caer en un butacón, sofocada de dar tantas vueltas.

–Pues porque vamos a vivir… ¡en una mansión!

Nos quedamos mudos de puro asombro. Entonces, mamá preguntó:

–¿Y cuánto cuesta esa mansión?

–Nada –dijo papá, tomando asiento junto a ella–. ¿Te acuerdas de mi primo Jaime? Pues un amigo de un sobrino de una compañera de trabajo de su novia buscaba caseros para una mansión del casco antiguo; mi primo se enteró y me lo dijo. Yo he aceptado el trabajo. Así que, querida, no sólo no pagaremos nada, sino que nos pagarán a nosotros. La casa entera a nuestra disposición. Lo único que hay que hacer es reparar algunas cosillas y mantenerla en orden.

–¡Huy! –dijo mamá–. Aquí hay gato encerrado.

–¿Otro gato? –preguntó mi hermana Marta–. ¡Si ya tenemos a Coco!

–Que no –continuó papá–. Que no hay nada raro. Sólo es suerte.

pasodoble: canción y baile español de ritmo vivo.

Y nos mudamos.

La casona, rodeada por un muro, estaba al fondo de un callejón. Sobre la puerta había un escudo nobiliario. Mientras papá abría la cancela del jardín con una llave gigantesca, nos explicó que era una casa del siglo XIV y que había sufrido varias reformas. La fachada era de piedra gris, tenía ventanales con rejas y balcones en el piso superior protegidos por **celosías**.

Atravesamos el jardín, tan lleno de escombros y maleza que parecía un basurero. No obstante, descubrimos una fuente de mármol, cuatro naranjos y una hiedra, que corría muro arriba, como queriendo escapar. A la entrada de la casa había un **zaguán** con un techo de vigas de madera labrada del que pendía un farol lleno de telarañas. Dos bancos se alineaban a ambos lados de la pared.

–¡Santo Dios! –exclamó mi madre–. Envejeceremos antes de terminar de limpiar todo esto.

Dentro de la casa había varios salones, un baño y la cocina. Al fondo del pasillo, una puerta daba acceso al patio trasero, una verdadera jungla a la que papá llamó huerto. Allí había un gallinero y varias construcciones repletas de trastos. También había un pozo. Cuando nos asomamos a su interior, contuvimos la respiración. Era muy profundo. Yo tiré una piedra y sólo después de unos segundos pudimos oír su impacto en el agua.

–¡Este pozo es un peligro! –aseguró mamá–. Hay que cerrarlo, Paco.

–De acuerdo. Le pondré una plancha de hierro y un candado, pero nos vendrá muy bien para llenar la piscina que vamos a construir aquí.

Todos comenzamos a dar saltos de alegría. ¡Piscina propia! Mis hermanas mayores, Sol y Ana, ya se veían en una tumbona. Pedro y yo nos imaginamos haciendo largos campeonatos de natación. Marta y Lolo, los pequeños, no decían ni mu y, agarrados a la falda de mamá, parecían un poco asustados.

celosías: rejas de madera que se ponen en las ventanas y permiten ver desde dentro.
zaguán: espacio de una casa inmediato a la puerta de la calle; vestíbulo, recibidor.

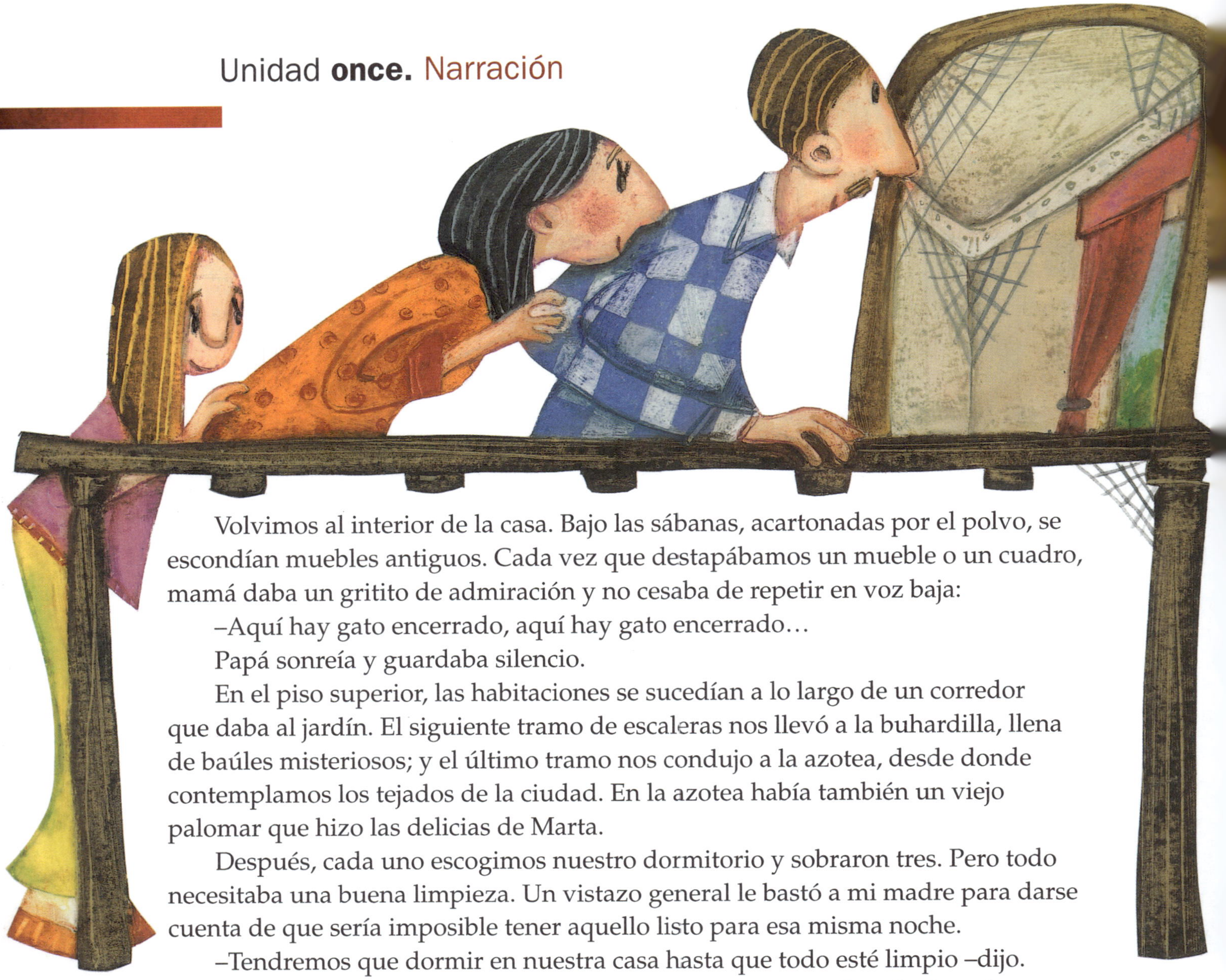

Volvimos al interior de la casa. Bajo las sábanas, acartonadas por el polvo, se escondían muebles antiguos. Cada vez que destapábamos un mueble o un cuadro, mamá daba un gritito de admiración y no cesaba de repetir en voz baja:

–Aquí hay gato encerrado, aquí hay gato encerrado…

Papá sonreía y guardaba silencio.

En el piso superior, las habitaciones se sucedían a lo largo de un corredor que daba al jardín. El siguiente tramo de escaleras nos llevó a la buhardilla, llena de baúles misteriosos; y el último tramo nos condujo a la azotea, desde donde contemplamos los tejados de la ciudad. En la azotea había también un viejo palomar que hizo las delicias de Marta.

Después, cada uno escogimos nuestro dormitorio y sobraron tres. Pero todo necesitaba una buena limpieza. Un vistazo general le bastó a mi madre para darse cuenta de que sería imposible tener aquello listo para esa misma noche.

–Tendremos que dormir en nuestra casa hasta que todo esté limpio –dijo.

–No sé… –contestó papá, que parecía un poco preocupado–. Sería mejor quedarnos y así sabremos… Bueno, yo estoy seguro de que si… Como somos tantos… Nunca se sabe…

–¡Ay, Paco! Tú **desvarías**. ¿Qué estás diciendo?

–¡Nada, nada! Estaba pensando en voz alta. ¡Tengo una idea! Arreglaremos sólo dos dormitorios y usaremos los sacos de dormir. Luego limpiaremos la cocina. Lo demás ya lo iremos haciendo según se desarrollen los acontecimientos…

Papá distribuyó el trabajo entre todos. A mí, como soy alérgico al polvo y ya estaba estornudando, me tocó cuidar de los pequeños.

–Chicos, nos vemos a las tres en la cocina para comer. ¡Zafarrancho de combate! –gritó papá muy animado.

Bajé con mamá y con los pequeños a la cocina, pero era evidente que terminaríamos llenos de polvo; así que me sugirió que metiera a Lolo en el carrito y me lo llevara con Marta a dar una vuelta por el barrio. De paso compraría el pan y un poco de embutido para la comida.

---

desvarías: dices locuras, disparates.

El barrio, de calles empedradas y laberínticas, era muy viejo. Descubrí varios talleres de artesanos, pero no encontré ningún supermercado ni ninguna tienda. Tampoco había gente por allí. Al cabo de media hora de dar vueltas, me di cuenta de que me había perdido y me asusté. Además, Lolo quería bajarse del cochecito y Marta empezó a llorar porque estaba cansada y quería volver.

Intenté retroceder para preguntar en alguno de los talleres, pero fui incapaz de volverlos a encontrar. En ese momento, Lolo, contagiado por Marta, también se puso a llorar. Menos mal que descubrí una placita con naranjos y palomas que sirvieron para distraer a mis hermanos mientras yo intentaba orientarme. Marta empezó a corretear tras las aves y Lolo, a aplaudir. Entonces apareció una anciana, que empezó a echar pan a las palomas, y yo vi el cielo abierto.

–Señora… ¿Podría ayudarme? Acabamos de mudarnos y me he perdido.

–¡Angelito! –dijo mientras me pasaba la mano por la cabeza–. ¿Dónde vives?

–No me acuerdo de la calle. Es una casa antigua, al final de un callejón…

–Es que hay tantas casas viejas y tantos callejones…

–Mi casa estaba deshabitada hasta hoy. Es una mansión con un escudo.

–¡La casa encantada! –exclamó la anciana santiguándose al mismo tiempo–. ¿Cómo es que vivís allí? ¿La habéis rociado con agua bendita?

–No, señora, la estamos fregando con lejía.

–La gente de hoy en día no tiene respeto por nada, pero ya os iréis enterando. Dile a tu madre que no encienda jamás una vela, sobre todo en el zaguán –dijo en voz baja y con un tono misterioso.

–¿Para qué queremos encender velas? ¡En el zaguán hay un farol enorme!

No me contestó. Me miró con cara de lástima, hizo cruces en la frente de mis hermanos y se encaminó a su casa.

–¡Oiga! ¿No me va a decir cómo puedo volver?

La mujer gritó desde su puerta:

–Toma la tercera calle a la izquierda. La segunda a la derecha es tu calle. Vives en la calle Maldita.

Agarré a Marta de la mano y empujé el carrito con fuerza. Quería llegar a casa cuanto antes y contar lo que me había dicho aquella mujer, aunque ahora lo único que me preocupaba era no volver a equivocarme durante el regreso.

En el camino encontré una taberna oscura y triste llena de fotografías antiguas y barriles de vino. Sobre el mostrador, dentro de una vitrina, había una enorme tortilla de patatas. Pedí al tabernero que me vendiera unos bollos de pan y la tortilla. Me miró con desconfianza, pero yo ya tenía el dinero en la mano y me lo dio sin hacer preguntas.

Al entrar en mi calle me topé de frente con Pedro, que salía en mi busca.

–¿Se puede saber de dónde vienes? Estábamos muy preocupados. Son casi las cuatro.

–Lo siento. Me he perdido. Este barrio es un laberinto.

Nos sentamos en la mesa y devoramos la tortilla y varias latas de conservas. Cuando terminamos de comer, el cansancio y el sueño empezaron a hacer mella en la familia y poco a poco nos fuimos quedando amodorrados. Cuando mi mente comenzaba a flotar por los espacios del sueño, vino a mí la imagen de la anciana. Entonces di un respingo y totalmente despejado grité:

–¡El gato encerrado!

Conseguí sobresaltarlos a todos. Mi madre, muy interesada, puso orden y me preguntó qué quería decir.

–Pues que ya sé por qué nos dejan vivir aquí gratis.

–Juanito Holmes ha estado investigando –añadió la antipática de Ana.

Le saqué la lengua. Mamá seguía interesada en oírme.

–Para que lo sepáis –continué–. Nos dejan estar aquí porque nadie quiere vivir en... ¡una casa encantada!

Mis hermanos estallaron en carcajadas, pero papá no se reía. Se puso muy serio y me preguntó que de dónde había sacado esa información. Mis hermanos dejaron de reírse. Entonces les conté el incidente que me había ocurrido en la calle.

Mamá miró a papá y, con el índice levantado, dijo en tono acusador:

–Tú lo sabías, ¿verdad?

Papá, un tanto avergonzado, nos contó que el dueño de la mansión vivía en el extranjero y que su abogado era el responsable de mantener la casa. La había alquilado varias veces, pero los inquilinos apenas duraban una semana. Así que decidió buscar unos caseros que, con un buen sueldo y sin tener que pagar alquiler, vivieran en la mansión. Pero aquella idea tampoco había dado resultado.

–¿Por qué? –preguntó una de mis hermanas.

–Porque siempre habían contratado a personas mayores y..., bueno es que... la casa tiene una leyenda... Son tonterías... No es nada serio, por supuesto.

–Queremos oír esa leyenda –dijo mamá en un tono que no admitía réplica.

Nos removimos en nuestros asientos tratando de acomodarnos lo mejor posible. Éramos todo ojos y oídos. Mi padre parecía muy incómodo.

Y ésta es la historia que nos contó.

«Pues, como ya os dije, la casa fue construida en el siglo XIV por un rico comerciante judío muy respetado en la comunidad, Isaac Ben Salomón. Era viudo y tenía una sola hija. Era un hombre sabio, bondadoso y hospitalario, por lo que frecuentemente acudían a la casa personas de todos los **credos** en busca de ayuda, refugio o consejo.

Un domingo por la noche llamaron a su puerta y vio por la mirilla a cuatro monjes encapuchados que no mostraban sus rostros. Los monjes le contaron que iban camino de Toledo con un cargamento de manuscritos y **códices** muy valiosos. Los había sorprendido la noche dentro de la ciudad y se habían cerrado las puertas de la muralla, por lo que no pudieron continuar su viaje. Tampoco encontraron un albergue para descansar y, como conocían la hospitalidad de Isaac Ben Salomón, habían decidido dirigirse a su casa.

El bondadoso judío avisó a sus criados para que les prepararan unas habitaciones, pero los monjes insistieron en que dormirían en los bancos del zaguán porque no querían molestar a los moradores de la casa con sus rezos y sus cantos. Ben Salomón acabó aceptando la petición de los recién llegados, dio órdenes de que nadie los molestara y se retiró a sus aposentos.

---

credos: creencias o doctrinas religiosas.
códices: libros manuscritos de importancia histórica o literaria, anteriores a la imprenta.

A media noche, una de las criadas empezó a oír unos extraños lamentos y despertó a Raquel, la hija del dueño de la casa. Ambas mujeres, desde una ventana, estuvieron observando el zaguán. Vieron a los cuatro hombres, arrodillados y cogidos de las manos, rezando.

–Sólo son unos monjes rezando. Volvamos a la cama –susurró la criada.

Pero, en ese momento, los cuatro hombres encendieron unas velas rojas, dieron tres palmadas y pronunciaron la palabra «Soloket». Como por arte de magia, apareció en el suelo una trampilla. La abrieron y, cargados con unas **alforjas**, bajaron por ella.

Las mujeres, maravilladas, aguardaron su regreso, que se produjo al cabo de un buen rato. Los hombres volvieron con las alforjas llenas de monedas y joyas. Luego apagaron las velas y, a la voz de «Saffaj», la trampilla desapareció.

Raquel, utilizando su anillo, grabó las extrañas palabras pronunciadas por los monjes en la pared encalada de la habitación.

A la mañana siguiente, los cuatro hombres se despidieron de Ben Salomón y en señal de agradecimiento lo obsequiaron con un candil de oro puro.

alforjas: tira de tela fuerte, con dos bolsas en los extremos, que se cuelga sobre el hombro y sirve para transportar cosas.

Las sospechas de Raquel se confirmaron: en los sótanos de su casa tenía que haber un tesoro escondido. Esa misma noche, la joven y la criada buscaron la trampilla en el suelo, pero no hallaron ninguna losa que pudiesen levantar. Entonces rasparon todos los restos de cera que encontraron en el zaguán y fabricaron una velita con ellos.

Luego, una vez que comprobaron que todos se habían retirado a descansar, encendieron la vela. Raquel, con voz temblorosa, pronunció la primera palabra mágica y la trampilla apareció a sus pies. Las dos muchachas bajaron por una escalera de mármol hasta un gran salón subterráneo en el que se almacenaban impresionantes riquezas. Del salón partían varios túneles por los que resonaba una música maravillosa. La joven quiso aventurarse por uno de ellos, pero su compañera le advirtió que la vela estaba a punto de consumirse. Rápidamente volvieron sobre sus pasos y la criada pudo alcanzar la trampilla a tiempo. Pero Raquel no tuvo la misma suerte y, al apagarse la vela, la trampilla se cerró sobre su cabeza. Allí quedó sepultada la joven para siempre. Sus gritos pidiendo auxilio eran desgarradores.

Cuando Ben Salomón se enteró de lo sucedido, intentó encontrar la trampilla sin éxito. Luego mandó hacer excavaciones en el zaguán, en el jardín y en la calle. Pero tampoco así consiguió rescatar a su hija. Gastó su fortuna en la búsqueda de los monjes que habían pasado por su casa, a los que no halló por ninguna parte. Tiempo después murió de pena, ya que, según se decía, los lamentos de Raquel se oían todas las noches.

A la muerte de Salomón, la casa estuvo cerrada durante muchos años. Tiempo después, un noble la compró y colocó su escudo en la puerta. Desde entonces ha ido sufriendo muchas transformaciones y han intentado librarla de la leyenda. Pero los lamentos y los golpes han conseguido ahuyentar a todos los inquilinos.»

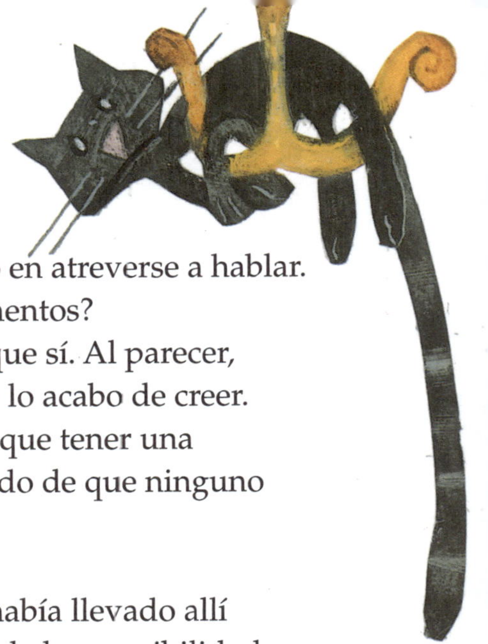

Todos nos quedamos enmudecidos. Pedro fue el primero en atreverse a hablar.

–Pero… papá, ¿durante tantos siglos han seguido los lamentos?

–Pues… no quiero engañaros; los últimos caseros dicen que sí. Al parecer, las noches de los lunes son especialmente ruidosas. Yo no me lo acabo de creer. Pienso que todo esto son pamplinas. Además, dicen que hay que tener una sensibilidad especial para percibir esas cosas. Estoy convencido de que ninguno de nosotros es así. Pero…

–Hoy es lunes –le interrumpió mi madre.

Entonces, las piezas empezaron a encajar. Mi padre nos había llevado allí exactamente un lunes, con la idea de someternos a la prueba de la «sensibilidad especial». Nos miramos unos a otros y luego consultamos el reloj: eran las cinco.

Papá, al vernos tan desconcertados, tomó de nuevo la palabra:

–Tenemos dos alternativas: o nos vamos ahora mismo y cambiamos de nuevo nuestros apellidos por los de Cobarde, Gallina, Capitán de las Sardinas o nos quedamos y vemos qué pasa.

Pensé que mi madre nos haría salir disparados de la casa, pero me equivoqué. Se puso en jarras al lado de papá y añadió:

–Hijos, tenemos una casa preciosa y la estamos dejando como los chorros del oro. No voy a consentir que ninguna chillona del otro mundo nos eche de aquí. Así que, Juanito, corre a la farmacia más próxima y compra ocho cajas de tapones para los oídos. ¡Más vale prevenir que curar!

Desde entonces somos los admirados moradores de la casa encantada de la calle Maldita, número 13. Ni los apagones, ni los temblores de la mesa del salón, ni siquiera las **levitaciones** de la vajilla han podido con nosotros y, mientras que los vecinos aseguran oír toda clase de ruidos y lamentos por las noches, la familia «No te escucho, cara de cartucho», bien protegida con tapones, duerme a pierna suelta.

¡Mi madre y sus ideas!

INMA DÍAZ

levitaciones: elevaciones de cuerpos en el aire sin que aparentemente intervengan causas físicas.

REGISTRO DE LECTURA

1. Contesta.

- ¿Cómo se apellida la familia que protagoniza la historia?
- ¿Cuántos miembros forman parte de esa familia?
- ¿Cuántos dormitorios tenía el piso en el que vivía la familia?
- ¿Adónde se fueron a vivir?

2. ¿Quién cuenta la historia? Marca.

☐ Ana, una de las hijas. ☐ Juan, uno de los hijos. ☐ Paco, el padre.

3. Describe brevemente cómo era la mansión a la que se mudó la familia.

▶ Debes explicar cómo es el exterior, el zaguán y el interior de la casa.

4. Observa, lee y contesta.

- ¿Por qué había salido Juan de casa?
- ¿Por qué se dirigió a la anciana?
- ¿Qué le contó la anciana a Juan?

5. Cuenta tus experiencias y expresa tus opiniones.

- ¿Conoces leyendas sobre algún lugar?
- ¿Qué cuentan esas leyendas?
- ¿Qué opinas tú sobre esas leyendas?

Ciudad acogedora

Las ciudades no se encierran
ni amurallan.
Que nadie les ponga puertas
ni las aísle entre rejas.
Que quien venga o quien se vaya
tenga siempre senda abierta.

Saber dar lo que se tiene,
generosa,
y recibir del que viene
lo que de bueno le aporta
es lo que la hace hermosa
y amada por mucha gente.

ANA ROSSETTI

Hai-ku

I
En la nevada,
la sombra de mi gato
buscando ausencia.

II
Gaviota blanca
suspendida en el aire,
dorada entrega.

III
Canta a lo lejos
la voz de la autopista,
mar de cemento.

IV
Brillan las hojas
en un murmullo verde
de arroyo urbano.

V
En el silencio
pasa una moto rauda.
Llega el verano.

VI
Una sirena
resuena en alarido,
ciudad en pena.

MARY SOLARI

hai-ku: breve poema japonés que consta de tres versos de cinco, siete y cinco sílabas.

Patinaje urbano

Las ruedas de los patines
describen,
en un corazón de asfalto,
los detalles de una ruta
callejera
entre los autos.

La aventura del zigzag,
que va quedando pintada
en las líneas invisibles
de los mapas,
de los humos,
para volver
a empezar.

MANUEL JURADO

TALLER

1. Lee y observa cómo se enredan las palabras de esta estrofa.

Canta **a lo lejos**
la voz de la **autopista**,
mar de **cemento**.

La voz del **cemento**
ruge en la **autopista**
y el **mar**, **a lo lejos**.

La **autopista**, **a lo lejos**,
sueña con un **mar**
que no sea de **cemento**.

▶ Ahora escribe tú dos estrofas a partir de ésta.

Brillan las **hojas**
en un **murmullo verde**
de **arroyo** urbano.

12 La aventura del río Salvaje

Con el calor del mediodía, las mariposas amarillas se acercan a la orilla. Son tantas y tan pequeñas que parecen un reflejo del sol.

Bruscamente, reconozco las mismas mariposas de mi infancia. Y entonces me acuerdo de la balsa, del cronómetro suizo, de mis temores y del orgullo que sentí aquel verano. Después de tantos años, las mariposas me traen el recuerdo de mi aventura.

Estoy en el río Salvaje con mi padre y Berni, mi hijo de doce años. Vamos a disfrutar de un día de pesca.

–¿Se puede atravesar este río? –me pregunta Berni.

–¿Tú qué crees? –le digo.

–No parece fácil, pero seguro que se puede –responde–. Claro, que habría que construir una balsa...

La mirada de mi hijo recorre la orilla, examinando los troncos caídos, calculando si puede moverlos, con qué se pueden atar… Parece convencerse de que no es imposible.

Yo sabía que el río Salvaje era peligroso. Por eso, no era frecuente ver embarcaciones atravesándolo. La gente utilizaba un puente que había a poca distancia del lugar en el que nos poníamos a pescar.

Como todos los ríos de montaña, tenía una corriente bastante fuerte. Las olas enfurecidas hacían que el agua se viera blanca, llena de espuma. El **estrépito** del agua que chocaba con las piedras podía oírse a gran distancia, como una presencia sorda, como el rugido de una bestia adormilada.

Aquel verano de mi infancia me propuse atravesar el río. Quería vivir esa aventura. Para cruzarlo tenía que construir una balsa, resistente y sólida, que pudiese aguantar el **embate** de las aguas. Y estaba dispuesto a hacerlo.

Cualquiera no tendría el coraje de arrojarse a aquellas aguas turbulentas, soportar el frío y la fuerza de la corriente, que harían difícil controlar la balsa, y navegar sobre las aguas **embravecidas** para llegar hasta la otra orilla, después de luchar contra la naturaleza **despiadada**.

Cualquiera no podría lograrlo. Por eso, pregunté a mi padre si podía llevar a cabo mi plan. Hacía mucho calor ese día. Él había ido de pesca y yo lo acompañaba. Acababa de cumplir doce años.

Mi padre no me dio una respuesta concreta, lo que me obligó a valorar de nuevo los riesgos de mi aventura. Pero yo estaba decidido a seguir adelante, y él no mostró ninguna oposición.

En ese momento me sentí muy orgulloso de que me dejara intentarlo. Me acuerdo perfectamente. Era la primera vez que trataba de hacer algo tan arriesgado. Me ayudaba mucho saber que él me miraba, pescaba y tomaba café mientras yo comenzaba con los preparativos. Su tranquilidad, pero también su confianza, me permitían sentirme satisfecho por intentar un proyecto tan difícil y, a la vez, era consciente de que eso no me hacía mejor para nadie más que para mí mismo.

Trabajé, me acuerdo, durante muchas horas. El río era caudaloso y la balsa tenía que ser muy fuerte para soportar la poderosa corriente.

Papá me aconsejaba. Y pescaba. Y tomaba café.

Elegí varios troncos de árboles caídos, que abundaban en aquel bosque de ribera, y luego, con ayuda de mi padre, los llevé hasta la margen del río. Una vez allí, los até con fuerza entre sí y coloqué unos juncos trenzados por encima, que servirían para protegerme del contacto directo con el agua.

estrépito: ruido muy fuerte.
embate: golpe fuerte y violento.
embravecidas: furiosas, agitadas.
despiadada: falta de piedad, cruel.

Es curioso. Había olvidado la aventura del río Salvaje hasta este momento, en el que la recuerdo con todos sus detalles, de principio a fin, con minuciosa exactitud. Como si un mago, de repente, hubiese hecho aparecer el pasado. Recuerdo ahora los troncos, las mariposas amarillas... Lo revivo todo hoy, cuando he vuelto al río Salvaje con mi padre y con Berni.

Es casi mediodía cuando llegamos. A esa hora, las mariposas se acercan, todas juntas, a la orilla. Son tan inquietas que es como si desaparecieran y volvieran a aparecer con cada aleteo.

Mi padre y yo nos ponemos a preparar nuestras cañas. Berni camina hasta el agua, la toca y se sienta un rato en la orilla, pensativo.

Poco después, vuelve hasta donde estamos y nos dice:

–Creo que puedo atravesar el río.

–Si te parece que puedes, adelante. Pero tienes que ir con cuidado –le advierto.

–Voy a tener cuidado –responde Berni–. No te preocupes, papá. Sé nadar bien y también sé que los ríos de montaña son muy traicioneros.

Yo le había dicho eso muchas veces. Cuando salíamos a pescar o a dar una vuelta en barca, le decía que los ríos son traicioneros y que había que ser prudente.

La verdad es que, visto ahora, con la mirada de un adulto, el río no me parece tan peligroso y no resulta tan salvaje como indica su nombre. Es cierto que tiene corriente, como cualquier río de montaña. Pero no es, ni mucho menos, como yo lo veía a los doce años. Berni tiene esa misma edad cuando se propone atravesar el río Salvaje.

Mi padre deja su caña a un lado, se sirve café y me sonríe. Él también se acuerda de aquel otro verano.

Observo a Berni, que ha vuelto a alejarse, y descubro que se parece muchísimo a mí o, al menos, a las fotos que conservo de esa edad.

Mi hijo es bajo de estatura. Tiene las espaldas anchas, típicas de nuestra familia. Ha heredado también la **obstinación**, la energía inagotable y la sencillez. Cultiva, a la vez, el orgullo y la humildad y tiene, sobre todo, una asombrosa capacidad para fijarse metas.

Berni está buscando, como yo busqué aquel verano, los mejores troncos.

–¡Papá! –grita–. ¡Ven a ayudarme!

Y como hizo mi padre aquel verano, también yo ayudo a mi hijo a acercar los troncos a la orilla. Empieza a hacer bastante calor.

–Son enormes –me dice–. ¡Son tan altos como yo!

Sonrío. Los troncos son gruesos y largos, pero no llegan a su altura.

---

obstinación: terquedad, cabezonería.

Lo veo alejarse hacia la camioneta mientras yo voy a servirme una taza de café. Me fijo otra vez en las mariposas de mi infancia, esas pequeñas mariposas amarillas, nerviosas y leves.

Mientras me tomo el café, observo que Berni baja unas cuerdas de la camioneta. Luego empieza a atar los troncos y va colocando juncos sobre ellos, que le servirán para no mojarse demasiado. Veo las inquietas mariposas. Parecen tan frágiles que desaparecerían si se levantara el viento.

Por la tarde, la balsa está terminada. Si quisiera, podría llegar al otro lado en ese mismo momento, pero él prefiere dejarlo para el día siguiente. Nosotros le decimos que sí, que tiene razón, que es más prudente. Luego volvemos a la cabaña, satisfechos con las grandes truchas que hemos pescado.

Berni va detrás, en la **caja** abierta de la camioneta. Le gusta viajar ahí. De vez en cuando abre la nevera para volver a admirar las truchas y nos comenta a gritos:

–¡Son unas truchas hermosas!

Es el único en la familia al que no le gusta pescar, aunque curiosamente le encanta el pescado. Sus viajes a la cabaña de mi padre, todos los veranos, lo han convertido en un experto. En la ciudad, cuando vamos a la pescadería, le pido a él que elija las piezas. Se queda mucho tiempo observando el mostrador y al fin, desilusionado, me dice:

–Este pescado es congelado, papá. No sé si nos gustará.

Pero al final compramos el que le parece mejor, y siempre le gusta, aunque no tanto como el que pesca el abuelo.

---

caja: en un vehículo, parte trasera en la que van los pasajeros o la carga.

La noche anterior al día en el que crucé en balsa el río Salvaje me propuse cenar mucho, para tener fuerzas. Después me quedé asando castañas con los mayores, frente a la chimenea.

Me acuerdo de que esa noche mi padre subió a su habitación y volvió con un estuche que yo conocía muy bien.

–Es un regalo –me dijo–. Seguro que mañana querrás utilizarlo.

Era su cronómetro suizo, una maravilla de la técnica de aquel país. Me puse muy contento. Siempre me había encantado aquel aparato que mi padre nunca antes me había dejado tocar. Decía que era muy delicado.

Cuando me fui a la cama, estaba tan emocionado que no me podía dormir.

Al llegar a la cabaña, Berni parece contento, pero también algo preocupado. Sorprendentemente, no discute cuando le digo que se duche. Cena más que de costumbre y se queda hasta tarde con nosotros, mirando el fuego, escuchando música y comiendo chocolate.

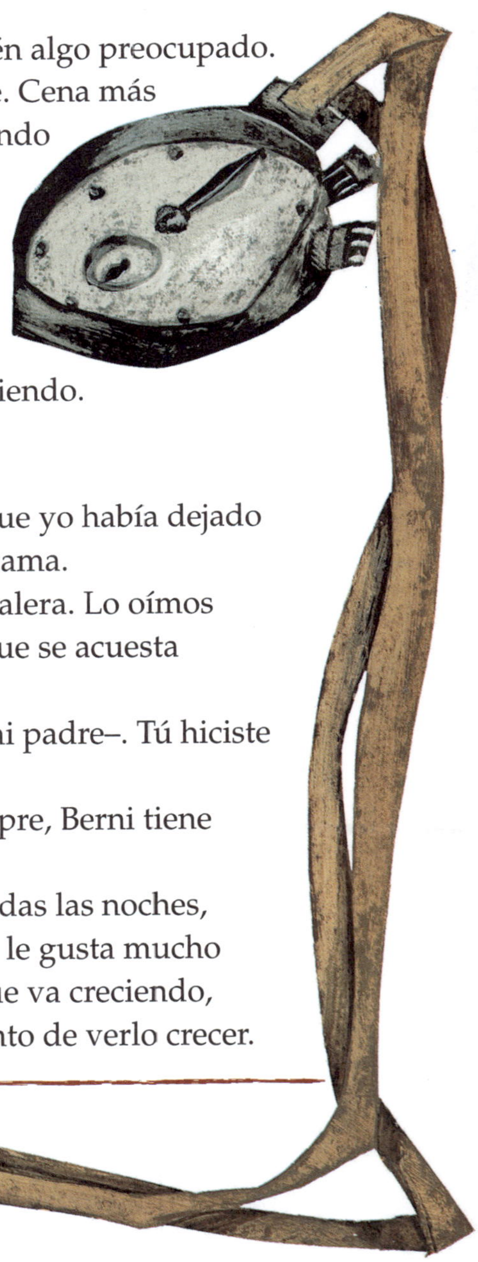

–Anda, ve a dormir, Berni –le digo.

–No tengo sueño, papá –me miente.

–Arriba te he dejado un regalo.

Entonces sube las escaleras y encuentra sobre su cama el estuche que conoce tan bien. Grita de emoción y baja corriendo. Me abraza y, cosa rara en él, me da un beso y otro al abuelo.

–Gracias, papá –me dice.

Entusiasmado, explora el funcionamiento del aparato que yo había dejado sobre su almohada. Le vuelvo a insistir en que se vaya a la cama.

Berni se despide de nosotros con otro beso y sube la escalera. Lo oímos caminar por las tablas de madera del piso de arriba, hasta que se acuesta y apaga la luz.

–Seguro que tiene el cronómetro en la mano –me dice mi padre–. Tú hiciste lo mismo aquel día.

Tiene razón. Cuando subo a arroparlo, como hago siempre, Berni tiene el cronómetro en la mano.

Se lo quito con cuidado y lo dejo en la mesilla. Como todas las noches, aprovecho que está dormido para darle un beso. A Berni no le gusta mucho que lo besen. De pequeño se dejaba besar, pero a medida que va creciendo, cada vez es más **reacio**. Es una de las pocas cosas que lamento de verlo crecer.

reacio: contrario.

Ese cronómetro era lo que yo más podía desear. Había muy pocos por entonces y eran muy caros. Era un aparato de gran precisión, con múltiples funciones. Entre ellas, una brújula. Me acuerdo de que dormí con él en la mano y que a la mañana siguiente estaba en mi mesilla.

Aquella mañana me levanté temprano y me parecía que mi padre tardaba una eternidad en cargar la camioneta para ir hasta el río. Recuerdo que tenía la extraña sensación de seguir dormido, como si hubiera pasado del sueño de la noche a otro sueño en el que atravesaba un peligroso río.

–Uno que yo sé sigue dormido –dice mi padre.

Berni sonríe sin ganas.

–¿Podéis daros prisa? –pregunta.

Terminamos el desayuno, lavamos los platos, ayudamos a papá un rato en la huerta y, cerca ya del mediodía, cargamos la camioneta para salir hacia el río.

Papá nos despide desde la puerta. Hoy ha decidido que tiene otras cosas que hacer y no vendrá con nosotros.

–Yo no os acompaño –dice–. Ya no tengo edad para tantas aventuras.

Entonces sucede otra cosa poco habitual: Berni, que ya está subido en la camioneta, se baja de pronto y corre a abrazar a su abuelo, le da un beso, le dice que lo quiere mucho y vuelve, saltando como un animal salvaje.

Mi padre sonríe, sorprendido por la inusual muestra de afecto de su nieto, y nos despide con la mano.

La balsa estaba donde la habíamos dejado el día anterior. Entre mi padre y yo la arrojamos al agua, en un **recodo** donde el río bajaba más tranquilo.

Había que calibrar bien el momento de salir. El río parecía más salvaje aquella tarde. Además, había un poco de bruma, lo que impedía ver con nitidez la otra orilla, adonde yo quería llegar. La sólida pared de árboles **encajonaba** el río como si un hacha gigantesca hubiese cortado en dos el bosque para que corriera el agua.

Había que pensarlo mucho. Había que prepararse muy bien. Era peligroso.

Cuando Berni y yo llegamos al río, pasado el mediodía, las mariposas ya están revoloteando en la orilla.

Nos sentamos a comer los bocadillos que nos ha preparado mi padre, pero Berni casi ni los prueba. Está muy callado, y yo sé que no debo molestarlo. En silencio me tomo un café. Observo la pared de vegetación de la otra orilla, ese manto compacto de árboles de distintas especies, cuyas hojas parecen exhibir todos los tonos posibles de verde.

Al fin, Berni se levanta.

–Vamos –me dice caminando hacia la orilla.

Sube a la balsa amarrada en el recodo. Lleva puestas unas buenas botas y el cronómetro colgado al cuello. En su mochila hay una bolsa de plástico con ropa, un termo con chocolate y un envase de plástico con galletas.

Se queda un rato en la balsa, haciendo tiempo, sujetando el palo que le servirá para dominar la embarcación, mirando las aguas del río y la orilla de enfrente.

–¿Te parece que podré hacerlo? –me pregunta Berni antes de soltar la soga que sujeta la balsa.

Aprecio la duda y la humildad en su voz, pero también su orgullo y decisión.

–Podrás hacerlo –le digo–. Yo te espero en la otra orilla con la camioneta.

Sé que está preocupado. Está a punto de pedirme que lo acompañe, como yo hubiera querido pedirle a mi padre aquel verano.

–Suerte –le digo.

A continuación suelta la soga y pone en marcha el cronómetro.

Yo camino despacio hacia la camioneta. Enciendo el motor, pero no muevo el vehículo todavía. Desde donde estoy puedo ver bien la balsa. Puedo esperar a que recorra el río y cruzarlo después por el puente para encontrarlo al otro lado.

---

recodo: curva muy cerrada.
encajonaba: encerraba en un sitio muy estrecho.

Si pasase cualquier cosa, puedo llegar al río enseguida y lanzarme al agua.

Está empezando a hacer frío. No hay mariposas amarillas a esta hora. Yo preparo la cámara de fotos. Veo cómo la balsa se adentra lentamente y va avanzando a través de la corriente.

Aquel verano tan remoto, la soga, al chocar contra el agua, hizo el mismo ruido que un látigo. A continuación, la balsa se deslizó movida por la corriente.

La balsa crujía como si fuera a desarmarse en cualquier momento. Parecía un juguete de la corriente, que la zamarreaba de arriba abajo. Con mucho esfuerzo, ayudado por el palo que llevaba, logré controlarla, entre los furiosos remolinos que me arrastraban de un lado a otro. Con temor, yo miraba las piedras que sobresalían por la superficie del agua. Debía tener mucho cuidado para no chocar con ninguna de ellas y fui evitando los **escollos**, uno a uno.

La orilla opuesta, al fin, parecía cercana. Me aferré con fuerza al palo que me servía de remo. Ya no faltaba mucho y se podía distinguir la zona de agua más calma que había cerca de la orilla.

Me sujeté y confié en mi fuerza hasta que, al fin, la balsa dejó de saltar y pude clavar el palo sobre el fondo para frenarla . Había llegado a la orilla desconocida, que era mi meta y sería mi descanso. Miré mi cronómetro y vi con exactitud el tiempo que había tardado en mi aventura.

Papá me esperaba al otro lado. Me abrazó, tomó chocolate conmigo, me felicitó y me dijo que me quería mucho.

La aventura había sido muy emocionante, aunque yo estaba muy cansado.

Me acuerdo con gran nitidez. Fue el verano del río Salvaje. El verano en el que aprendí que se podía ser, a la vez, humilde y orgulloso; que podía hacer cosas por mí mismo, que podía correr riesgos y que papá estaría ahí cuando llegara a la otra orilla. Pero no estaría en medio del río, donde tenía que superar yo solo las peligrosas rocas, los remolinos, la soledad, el miedo y el cansancio.

---

escollos: rocas poco visibles o que están a flor de agua.

Al fin, Berni llega al otro lado. Observa su cronómetro para comprobar lo que ha tardado. Entonces pongo en marcha la camioneta y voy a buscarlo. Sobre el puente distingo una mariposa amarilla que, en círculos, vuela solitar como si se hubiera perdido.

–Lo has hecho muy bien –le digo mientras le ayudo a bajar de la balsa–. Al volvamos a casa. Estás empapado y puedes resfriarte. Pero antes, te haré una fo en esta orilla.

Orgulloso, Berni posa al lado de su balsa. Sonríe con timidez, con humildad

–Espera –dice Berni–, déjame que me tome el chocolate aquí. Quiero contemplar el río desde este lado. No te preocupes, que no tengo frío.

–Lo has hecho muy bien –repito, y los dos nos quedamos en silencio.

Entonces saca su termo de chocolate y sirve dos tazas, una para mí también.

Él no se acerca a darme un beso. Ni yo tampoco lo hago. Le sonrío y pienso que, tal vez, nunca más podré besarlo como cuando era pequeño.

Estamos mirando el agua del río y apenas si nos damos cuenta de que empieza a caer el sol y que en la orilla no hay ninguna mariposa.

Carlos R. Gesualdi

REGISTRO DE LECTURA

1. ¿Quién cuenta la historia? Marca. Luego contesta.

- [ ] Berni.
- [ ] El padre de Berni.
- [ ] El abuelo de Berni.

- ¿Qué edad tenía el padre de Berni cuando cruzó el río Salvaje?
- ¿Qué edad tenía Berni cuando lo cruzó también?
- ¿Cómo era el río Salvaje visto con la mirada de un niño?
- ¿Cómo era el río Salvaje visto con la mirada de un adulto?

2. ¿Cuándo empezó el padre de Berni a recordar su aventura en el río Salvaje? Marca.

- [ ] Cuando vio las truchas.
- [ ] Cuando fue a la cabaña de su padre.
- [ ] Cuando vio el río.
- [ ] Cuando vio las mariposas amarillas.

3. Explica cómo construyó Berni su balsa.

4. ¿Qué ocurrió entre estos dos momentos? Explica lo que hizo cada personaje.

5. ¿Por qué fue tan importante, tanto para Berni como para su padre, cruzar el río Salvaje? Explica.

▶ ¿Has vivido alguna aventura que para ti fuese muy importante? Cuenta.

Don Quijote

–¿Adónde vas, caballero,
con tal escudo y tal lanza?

–Voy a deshacer **entuertos**
con mi siervo Sancho Panza.

–¿Y qué problemas pretendes,
con su ayuda, resolver?

–Los de los más oprimidos,
sean del hombre o la mujer.

–¿Por qué montas descuidado
en un caballo tan flaco?

–El bueno de Rocinante
es un excelente jaco.

–¿Qué llevas en la cabeza
que parece una **bacía**?

–Es el **yelmo** de Mambrino,
no es cosa de brujería.

–¿Quién te manda ir por La Mancha,
ir contra viento y marea?

–Amor y honor, y ofrecerlos
a mi dama Dulcinea.

A. A. GÓMEZ YEBRA

Dulcinea

Mi bella Dulcinea,
la del Toboso,
sabe que de las luchas
yo salgo airoso.

Mi bella Dulcinea
se me aparece
cuando menos lo espero,
por socorrerme.

Señora mía,
os tengo en la memoria
de noche y día.

MARÍA SANZ

entuertos: injusticias.
bacía: recipiente usado antiguamente por los barberos para colocarlo bajo la barbilla cuando afeitaban.
yelmo: parte de la armadura antigua que protegía la cabeza y la cara.

El Manco de Lepanto

El **Manco** lo llamaban.
Se burlaban
de aquel viejo soldado,
arruinado,
que nunca tuvo suerte.
Tenazmente,
él siguió con su idea:
la tarea
de dejar en la Historia
su memoria.
Y así nos ha llegado
el legado
de ese genio tan grande
que es Cervantes.

ANA ROSSETTI

TALLER

1. Escribe un poema o una pequeña historia sobre don Quijote y Sancho Panza. Tendrás que cumplir esta condición: no utilizar palabras que contengan la letra **a**. Aquí tienes un ejemplo:

Don Quijote y su escudero
recorren el mundo entero.
Uno, en su burro;
otro, en su corcel.
¿Quieres conocerlos? ¡Ven!

Manco: Cervantes era conocido como el Manco de Lepanto por su participación en esta batalla (1571), donde fue herido y le quedó inutilizada la mano izquierda.
tenazmente: con constancia y persistencia.

13 Azul o el álbum de fotos de tapas verdes

Azul.

Ésa era la palabra clave. Lo dejó muy clarito doña Venancia Conuve –no es broma, son su nombre y su apellido–, la profe de Lengua: una redacción en la que el color azul destacara por un motivo u otro. ¡Y pobre del que se dedicara a hablar del cielo, el mar o los langostinos de cola azul! Vaya, que había que ser original. ¡Casi nada!

Yo no sabía por dónde empezar. Y, claro, por lo facilones y evidentes que resultaban, no me podía quitar de la cabeza los temas prohibidos expresamente por doña Venancia Conuve: el mar, el cielo y la cola del dichosito crustáceo.

Tras darle unas cuantas vueltas al asunto, se me ocurrió hablar de una muñeca famosa en los tiempos de mi abuela: la muñeca vestida de azul, con su camisita y su canesú. Mi abuela me había canturreado esa canción de pequeño, y ahora se la canturreaba yo a mi hermanito de dos años… Pero desistí en seguida: demasiado infantil. Sólo faltaría que doña Venancia Conuve, que era más o menos de la edad de mi abuela, se pusiera **nostálgica** y, sin poder contener la emoción, me invitara a leer la redacción en público o, peor aún, a cantar la canción. ¡Sería mi ruina!

Luego, rememorando de nuevo mi niñez, recordé a los Pitufos, unos personajillos la mar de simpáticos que salían por la tele. Vestidos con tan sólo un gorro y unos calzones que, pensándolo bien, parecían pañales, vivían increíbles aventuras. Y lo más importante de todo: ¡eran de color azul! De modo que, ni corto ni perezoso, di comienzo a una prometedora historia que decía: «Había una vez, en un lejano país, un pitufín muy, muy travieso. Vivía con su madre pitufa, su padre pitufo y su hermanita pitufina. ¡Ah!, y con su perro…». Y ahí me quedé. Porque confieso que no fui capaz de imaginar una sola aventura para el pitufín travieso, ¡ni una sola!

---

nostálgica: que se pone melancólica o triste al recordar algo.

Después de exprimirme aún más los sesos, ¡eureka!, me acordé de otra canción, esta vez de mayores, que le gusta mucho a mamá: la del gato que está triste y azul. Y empecé el primer párrafo: «Una noche vi un gato triste, muy triste, y azul, muy azul…». Y aquí, de nuevo, abandoné. ¿Qué podía decir yo de un gato triste? ¿Que lo había dejado su novia gata? ¿Y por qué extraña razón estaba azul? ¿Es que le había dado un corte de digestión? ¿O, por casualidad, se trataba de un gato extraterrestre? No, definitivamente no iba por buen camino. Lo del gato se me antojó demasiado complicado.

A estas alturas, reconozco que empezaba a desesperarme. ¿Es que no había en el mundo algo de color azul y lo suficientemente original como para dedicarle cuatro letras?

Pensando, pensando, me vinieron a la memoria los ojos azules de Coral, una niña de sexto A. ¿Y si hablaba de ellos en mi redacción? ¿Y si explicaba que eran una preciosidad y que, aunque Coral llevara lentillas, como se empeñaban en asegurar algunos, era la mirada más expresiva y penetrante de todo sexto A, sexto B y sexto C juntos? ¿Y si acababa diciendo que un día, por una décima de segundo, y me temo que por equivocación, los ojos azules de Coral se posaron en los míos y luego, en cuanto los apartó, yo sentí…, me sentí…, me sentí como el gato que está triste y azul? Eso es. ¡Y encima saldría a relucir el color azul por partida doble!

Lo malo es que, como a doña Venancia Conuve le haga gracia que un alumno suyo esté colado por los ojos de una chica y le dé por ponerme de ejemplo animando al personal a imitarme… ¡Horror! El personal no sólo no me imitará, sino que ¡me hará la vida imposible con sus burlas hasta final de curso! Eso sin contar que Coral, de rebote, ya no me mirará nunca más a la cara, ¡ni una décima de segundo ni nada!

El caso es que se acercaba la hora de la cena y mi mente seguía sin otro color que el blanco en su interior. ¡Estaba en blanco! ¡No podía ser! No me podía permitir presentarme en clase sin una redacción digna. ¡Pero por qué había tenido que poner como condición el color azul! Con lo fácil que es hablar de otros colores… ¿O no?

Y de repente, mi mente sustituyó el insufrible color blanco por toda una gama de colores, capaz de **anonadar** al mismísimo arco iris, que me invitaba a fantasear sobre mil cosas, todas ellas alegres: un circo, la primavera, las vacaciones, un partido de fútbol, una pizza «cuatro estaciones», la Navidad, un cumpleaños, el parque de atracciones… Y, sin embargo, nada de lo que se me ocurría era únicamente azul. Y, menos, especialmente azul. Aunque seguro que todo tenía algo de azul… Quedaba claro, pues, que me tenía que espabilar. Si no, al día siguiente me veía entonando, a dúo con doña Venancia Conuve, *La muñeca vestida de azul*.

---

anonadar: asombrar, impresionar.

Por fin, después de cenar, cuando ya mis ideas azules brillaban por su ausencia, hallé, sin esperarlo, la solución: de pronto recordé el álbum de fotos de la mili de papá. Inexplicablemente, me consideré salvado. Y si digo inexplicablemente es porque ese álbum tiene las tapas de color verde, y no de color azul. Papá me había contado en alguna ocasión que el verde es el color de la esperanza y que, como él estaba en contra de la guerra, decidió utilizar precisamente ese álbum para archivar sus fotos de soldado. Por cierto, hace tiempo, cuando el servicio militar dejó de ser obligatorio, además de alegrarse por mí, me insinuó que su álbum, tan repleto de esperanza, algo había tenido que ver con ese logro.

El caso es que mi redacción trató de mi padre, de aquel álbum, de la guerra y de la esperanza.

–¿Y el azul, qué? –me preguntó doña Venancia Conuve con los ojos brillantes y la boca torcida.

Y yo, ¡ay de mí!, no dudé en contestar. Lo había visto claro desde el mismo instante en el que se me ocurrió lo del álbum:

–El azul lo tiene usted delante… Es la tinta del bolígrafo. La redacción está escrita en azul.

–Ya.

Acto seguido, la profe garabateó en mi redacción lo que, a juzgar por su **escueta** respuesta, con toda seguridad se trataba de un precioso cero.

Más tarde, cuando repartió los trabajos, cogí el mío de mala gana **a sabiendas** de lo que me iba a encontrar. Efectivamente, en rojo chillón, allí estaba el cero, aunque… iba precedido de un uno ¡Mi nota era nada menos que un diez!

Desconcertado, no pude evitar levantar la vista del papel. Doña Venancia Conuve seguía repartiendo trabajos. Pero, como si esperara mi reacción, se volvió hacia mí en ese preciso momento. Y me dejó boquiabierto: era la primera vez en mi vida que la veía guiñar un ojo.

MAR PAVÓN

escueta: breve y precisa.
a sabiendas: con pleno convencimiento, con seguridad.

REGISTRO DE LECTURA

1. Contesta.

- ¿Cuál era el tema de la redacción que propuso la profesora de Lengua? ¿Cuál era la palabra clave?
- ¿Qué ideas para la redacción tuvo el alumno que cuenta la historia?
- ¿Cuáles de esas ideas desechó? ¿Por qué?
- ¿Sobre qué tema hizo la redacción?
- ¿Qué problema tenía el tema de su redacción?

2. ¿Por qué resulta gracioso el nombre seguido del apellido? Explica.

Venancia Conuve

▶ Escribe otros nombres propios que comiencen con **v** seguidos del mismo apellido.

3. Observa, lee y contesta.

- ¿Cuál fue la respuesta del alumno?
- ¿Qué nota creía el alumno que le había puesto la profesora?
- ¿Qué nota le puso en realidad?

4. Escribe tú una breve redacción sobre este mismo tema.

El caso es que mi redacción trató de mi padre, de aquel álbum, de la guerra y de la esperanza.

▶ Si tuvieras que hacer una redacción en la que destacara el color azul, ¿qué tema elegirías?

Por qué hay leopardos
en el Himalaya

Astrid decía que veía y oía cosas. Así: «Veo cosas». O: «Escucho cosas».

A decir verdad, las cosas que aseguraba ver Astrid eran más bien invisibles. Todo lo contrario que ella, que era lo más visible que había en el barrio: pelo rubio y tez oscura, y con unos ojos grises de los que asusta mirar de frente. Además, vestía con tantos colores y con ideas tan extravagantes que parecía un dibujo animado.

Pero volvamos a las cosas que veía y escuchaba. Contaba que a menudo iba por la calle, se cruzaba con alguien en la acera y sabía que estaba enfermo o enamorado o enfadado o desesperado, o le oía pensar cosas como éstas: «Llego tarde», «Me va a oír», «Se lo tengo que decir», «No me llega el dinero a fin de mes».

Las pocas veces que Astrid intentó decir algo a alguien sobre lo que le había «oído» pensar sólo había conseguido que se montara un pequeño lío, así que acabó por callarse y no decir nada. Ni en la calle, ni en casa, ni en clase, ni en ningún sitio.

Según Astrid, sus padres sabían, más o menos, las cosas raras que pasaban por su cabeza; pero disimulaban. Astrid había empezado a hablar muy tarde. A hablar y a casi cualquier otra cosa, porque durante casi tres años no había hecho mucho más que mirar a la pared, a la ventana o a lo que le pusieran delante, salvo a la tele. Hasta que un día, cuando faltaba un mes para que cumpliera los tres años, dijo de pronto:

–Soy una caña que baja por un río lleno de piedras y se engancha en todas.

Sus padres, que estaban muy preocupados por su retraso en hablar, se alegraron mucho de que no fuera muda, pero se quedaron aún más preocupados por su poética y repentina frase que, en efecto, parecía resumir lo que le había pasado hasta entonces: se había enganchado en una piedra y por fin se había soltado. Astrid era hija única y por eso se preocupaban aún más. De haber tenido, por ejemplo, dos hermanos, que fuera muda les hubiese dado menos miedo.

Desde entonces hasta los diez años, cuando se sitúa esta historia, Astrid se limitó a oír, ver y callar. En el colegio nunca destacó, más bien lo contrario, y no porque no pudiera, sino porque no le interesaba demasiado. En casa, cuando terminaba sus deberes, se dedicaba a leer y a navegar por Internet de un extremo al otro del mundo, en línea horizontal; y en línea vertical, por el universo y el conocimiento, que la apasionaban. «A veces creo que Internet es la realidad, y el mundo, su copia», decía Astrid enigmáticamente.

A los diez años sabía mucho más de lo que podía demostrar en clase sin levantar recelos o suspicacias en sus compañeros. Pero no lo llevaba mal. Digamos que tenía una vida oficial tirando a normal; y otra vida propia, interior, llena de rincones vedados a los demás.

Y llegamos al momento en el que la maestra mandó leer un libro que se llamaba *Un chico valiente*. Astrid decía que la novela la aburría. El chico valiente hacía un viaje a las pirámides **aztecas** y se empeñaba en demostrar que los indiecitos eran tontos, que él era más listo que nadie y descubría un secreto que había estado oculto unos dos mil años, siglo arriba, siglo abajo.

Pero aquella noche tenía que acabar de leerlo. Al día siguiente debía presentar un trabajo sobre el libro y no tuvo más remedio que desmenuzarlo para hablar sobre los personajes, las situaciones, los paisajes y otras cuestiones más **engorrosas**, puramente gramaticales. Aunque, como su **divisa** era que en esta vida había que cumplir con las obligaciones, se puso a hacerlo.

La mayor parte de las cosas que describía el «chico valiente», que en el colmo de la originalidad se llamaba Dani, Astrid las sabía mejor que el autor, de quien dudaba incluso que hubiera estado allí, en México, más que en un viaje de vacaciones guiadas.

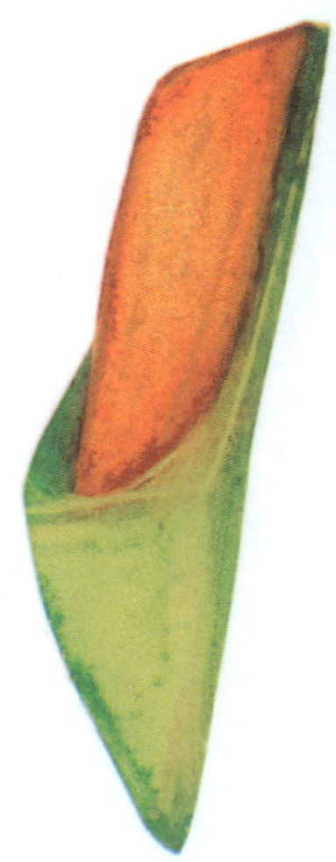

aztecas: pertenecientes a un pueblo indio que dominaba México en el siglo XV.
engorrosas: dificultosas, fastidiosas.
divisa: lema o frase que expresa la forma en la que debe actuar una persona.

Y de pronto comenzó a sentirlo.

Veía las líneas, por ellas andaba Dani, el «chico valiente», dándoselas de listo con los indios, y veía a los niños indios, a los indios malos y a los blancos malos, que aún eran peores que los indios malos. De hecho, la división de personajes de la novela era muy sencilla: los malos tontos, los buenos tontos y uno sólo bueno y listo: el chico valiente, es decir, Dani.

Pero entre línea y línea de aburrimiento, Astrid creía percibir algo. Algo borroso.

Alejó un poco el libro y se lo volvió a acercar, pero no por eso veía mejor. En realidad, entre línea y línea, y como es lógico, había un espacio en blanco, pero ese blanco…

A Astrid le parecía que era… ¿nieve? Pues sí, si achinaba un poco los ojos, hasta le parecía que cayera nieve entre las hileras de palabras. Estaba acostumbrada a ver el **aura** de las personas y a escuchar sus pensamientos; pero no estaba acostumbrada a ver paisajes nevados entre las líneas de un libro. Y sin embargo, le gustaba.

La habitación estaba silenciosa y por el pasillo apenas se escuchaba el volumen de la tele en la sala. El radiador le mantenía los pies calientes, pero aquella nieve que creía ver… hasta le pareció que **emanaba** frío.

Y cerró los ojos. Cuando cerraba los ojos, a veces parecía como si se abrieran otras ventanas más luminosas. Y así fue como leyó, o creyó leer, unas pocas líneas que parecían venir de lejos, como vienen los postes de la luz hacia la ventanilla del tren.

Esto es lo que Astrid creyó leer:

«He soñado con un monje que escribía en medio de la nieve y cada vez que acababa de llenar una hoja, con palabras que yo no podía leer, la arrojaba al viento, a la nieve, a la hoja en blanco de la nieve.»

Cerraba los ojos, los volvía a abrir y veía las líneas, un poco borrosas. Y más allá de las líneas incluso hasta creía ver al monje, con una túnica naranja, sentado en la nieve blanca, escribiendo.

Astrid anotó aquel texto en su cuaderno y buscó algo más entre las líneas del libro del chico valiente. Pero no lo encontró. Sólo, a veces, creía ver palabras sueltas como *bosque*, *ruiseñor* o *niña*.

Hizo su trabajo, mal que bien, y se acostó.

---

aura: irradiación luminosa que algunas personas creen ver alrededor de los cuerpos.
emanaba: desprendía.

Astrid no solía hablar con la maestra de «sus cosas». La experiencia le decía que no era muy buena idea. Pero esa vez no se pudo aguantar. Esperó a que acabara la clase y a que sus compañeros se fueran, se acercó a la maestra y le preguntó si aquel libro podía estar hecho con otro libro.

–¿Con otro libro? –preguntó la maestra como suelen preguntar los que no saben muy bien qué responder.

Después de que Astrid insistiera, la maestra admitió que sí, que los libros que **se descatalogan** no se queman, que el papel es muy caro y se recicla.

–¿Ves? –dijo la maestra mostrándole la cubierta del libro–. Aquí lo dice: «Este libro está impreso en papel reciclado, libre de cloro».

«Libre de **cloro**», pensó Astrid, «pero no de nieve».

–Hacen pasta de papel –dijo la maestra, ya muy dueña de la situación– y luego con esa pasta hacen nuevo papel y con ese papel hacen otro libro.

Por un momento acarició la idea de decirle a la maestra que por la noche había visto entre las líneas lo que estaba escrito en el libro con el que habían hecho la pasta de papel, pero le dio una enorme pereza. Ya sabía lo que solían hacer los adultos cuando ella les contaba cosas así.

Astrid tenía otra cualidad tan marcada como su capacidad de ver y oír cosas, y era su voluntad. Cuando se empeñaba en algo, **no cejaba** hasta conseguirlo. Ella misma lo ha descrito con pelos y señales, pero no aburriré a nadie con el relato pormenorizado de su investigación. Me limitaré a decir que Astrid escribió correos electrónicos a la directora de publicaciones de la editorial que había sacado a la venta *Un chico valiente*, a la directora de la colección, al jefe de talleres y, por fin, al jefe de la unidad de reciclado. Pero no obtuvo respuesta.

Astrid no se detuvo. Llamó por teléfono a este último y le preguntó qué libros se habían reciclado para hacer la pasta de papel con la que se había impreso *Un chico valiente*. El hombre consultó datos, consultó fechas, consultó transportes y le dio una lista de cinco posibles títulos.

–O todos –concluyó.

–Gracias –dijo Astrid con la más encantadora de sus voces.

Y volvió a escribir a la directora de publicaciones de la editorial y a la directora de la colección para preguntarles ahora en cuál de aquellos cinco libros se hablaba de un monje. Por fin obtuvo una respuesta: el único libro en el que, en efecto, se hablaba de un monje sentado en la nieve era…

se descatalogan: dejan de publicarse y se retiran del mercado.
cloro: gas que se utiliza, entre otras cosas, para decolorar el papel.
no cejaba: no cedía, no se daba por vencida.

Astrid decía que el peor fracaso de su vida había sido no encontrar el libro ni en las librerías ni en ninguna parte.

Así que consiguió –cómo es ya lo de menos, sabiendo cómo era– la dirección del autor de ese libro.

Astrid y él cruzaron varios correos electrónicos. Desde el primero, el escritor se quedó muy sorprendido. Muchísimo. Pero no le dijo a Astrid por qué. Para él, aquellos mensajes, que solía leer ya de madrugada, fueron de los más importantes de su vida literaria.

En sus respuestas le explicaba a Astrid que aquella escena que ella «había leído» eran apenas dos líneas en un libro suyo que, era verdad, hablaba de un bosque, de una niña y de un ruiseñor. Y que la idea del monje escribiendo en la nieve y arrojando los folios al abismo había llegado a su mente sin que supiera cómo ni de dónde había salido. «Como una visión», le escribió.

«Lo mismo que yo, como una visión», le respondió Astrid.

En una ocasión, de madrugada, Astrid le envió un correo diciéndole que ya sabía cómo continuaba la historia. El escritor respondió esa misma madrugada con un mensaje brevísimo: «¿Cómo?».

Esto es lo que le escribió Astrid:

«Un pequeño novicio **tibetano** recibió del abad de un monasterio el encargo de cuidar de un monje viejo, que escribía poemas bellísimos. El novicio había sido designado como su protector para evitar que el anciano muriera de frío, porque el viejo monje **se había obcecado** con escribir en medio de la nieve, al borde de un enorme precipicio, y cada vez que acababa de llenar una hoja, con palabras que el novicio no podía leer, la arrojaba al viento, a la nieve.

El novicio no lo podía soportar. ¡Era un monje tan sabio y escribía poesías tan hermosas! ¡Arrojarlas al abismo!

El pequeño empezó a llorar a espaldas del monje. Y sus lágrimas, al caer por sus mejillas hasta la nieve, se convertían en hielo, y el hielo avanzaba ante él, originando un **glaciar** que se deslizó al lado del monje, barranco abajo.

Sólo entonces se percató el monje de lo que sucedía.

–¿Por qué lloras? –le preguntó después de volverse hacia él.

–Por esos poemas que has arrojado a la nieve –dijo el novicio.

El monje miró al vacío.

–Están ahí –dijo–. Puesto que te importan tanto que tus lágrimas se han convertido en un glaciar, ve a por ellos.

–¿Y cómo? Sólo soy un niño, me mataría si lo intentara o moriría de frío.

El monje meditó un minuto, o una hora, o una semana o un mes tal vez. Al final dijo:

–Es verdad. Sólo un leopardo podría bajar por tu glaciar hasta el fondo del barranco.

–Pero no hay leopardos en la nieve –replicó el novicio.

–Si tú quieres, te convertirás en leopardo y así podrás leer los poemas.

–¡Sí! –dijo el novicio, desprendiéndose del glaciar de sus lágrimas.

–Pero ten en cuenta que un leopardo no puede leer a los demás un poema; así que esa belleza morirá contigo.

–¡No! –dijo el novicio después de reflexionar unos minutos, o unas horas, o unos meses tal vez–. En la belleza de ese leopardo de las nieves vivirá siempre la belleza de tus poemas, señor.

El monje se sintió conmovido y dijo:

–Sea.

Y el novicio se convirtió en leopardo.

Aquella fue la única vez que un leopardo del **Himalaya** se acercó a un ser humano. Sólo aquel primer leopardo lo hizo. Y fue para lamer la mano del monje, antes de bajar por el glaciar de sus lágrimas a buscar la belleza y a proclamarla eternamente.»

---

tibetano: del Tíbet, región china de tradición religiosa budista.
se había obcecado: se había obsesionado, se había empeñado.
glaciar: masa de hielo, originada en las partes altas de las montañas, que desciende en forma de río.
Himalaya: gran cordillera de Asia. En ella vive el leopardo nival o de las nieves, de pelaje claro.

Cuando el escritor acabó de leer el relato de Astrid, quedó tan conmovido como el monje. Hasta lo más hondo. Tanto que no hubiera sido capaz de describir cuánto. Estaba lleno de preguntas y de temores, y era mucho más consciente de lo **fútil** de su trabajo. «No es nada», pensaba, «nada, al lado de la belleza imaginada por Astrid». Ahora sabía por qué hay leopardos en el Himalaya, pero también sabía algo poco importante para los demás, pero muy importante para él mismo.

Se lo dijo a Astrid en su último correo, en el que se encierra todo el misterio de esta historia:

«Astrid. Ese libro del bosque, de la niña, del ruiseñor, del monje y sus poemas en la nieve lo escribí hace unos meses, pero… aún no lo he publicado. Ahora ya sé lo que le espera. A no ser que… ¿Eres tú quien ve cosas, o he sido yo quien te ha visto a ti, Astrid, o tal vez quien te ha imaginado?»

Aquel mensaje no tuvo respuesta. El escritor hizo averiguaciones, claro. Nadie en la editorial había recibido ningún correo de una tal Astrid; el jefe de los talleres de reciclado, tampoco. Y en ningún colegio del pueblo en el que Astrid decía vivir la conocían. Pero en la bandeja de entrada del correo electrónico del escritor seguían sus mensajes. Igual que los leopardos del Himalaya: no deberían estar allí, pero estaban. «Buscando la belleza y proclamándola eternamente.»

Gonzalo Moure

---

fútil: poco importante, insignificante.

REGISTRO DE LECTURA

1. ¿Qué significan las palabras de Astrid? Explica.

2. Lee y contesta.

–Soy una caña que baja por un río lleno de piedras y se engancha en todas.

- ¿Quién lo dijo?
- ¿Qué edad tenía cuando lo dijo?
- ¿Por qué se alegraron sus padres al oír esas palabras?
- ¿Por qué se quedaron preocupados?

3. ¿Qué libro mandó leer la maestra? Copia el título que corresponde.

4. Contesta.

- ¿Qué vio Astrid entre las líneas del libro que estaba leyendo?
- ¿Qué le preguntó a la maestra?
- ¿Qué investigación llevó a cabo Astrid en la editorial?
- ¿Qué le confirmó a Astrid el escritor con el que se puso en contacto?

5. Expresa tu opinión.

- ¿Te ha gustado esta historia? ¿Qué es lo que más te ha gustado?
- ¿Te ha sorprendido el final? ¿Por qué?

El libro nuevo

Anda, no te desanimes,
ábreme, no muerdo, guardo
mil historias con palabras,
tengo laberintos raros,
gigantes, marinos, loros,
islas perdidas, naufragios.

No te desanimes, anda.
Toma, cógeme en tus manos,
vive con mis personajes,
lee en mis hojas, despacio.
Te ofrezco un mundo distinto,
un mundo brillante, mágico.

Sólo soy un libro nuevo,
recién escrito, ¡cuidado!
Alguien lo escribió por ti
y ahora puedes disfrutarlo.

MANUEL JURADO

Libro de aventuras

Es a un árbol semejante
porque está lleno de hojas,
pero es también caracola
que conmigo habla, constante.
Mil palabras fascinantes
mi fantasía atraviesan
rumbo a los mares turquesa.
Es el mapa de un tesoro,
secreta llave de oro
de una caja de sorpresas.

ANA ROSSETTI

¡No leas!

–¡Apaga la luz, chiquilla!
¡Cuánto gastas!
Vas a fundir la bombilla,
¡basta, basta!

–¡Deja los libros, no leas
en la cama!
Aunque tú no te lo creas,
no dan fama.

–Abandona las lecturas,
¡hoy más no!
Y no leas más a oscuras,
¡se acabó!

Pero la niña, que esconde
su linterna en la almohada,
no se apura.
–¡Que sí, que sí! –le responde.
Y luego sigue **enfrascada**
en la intrépida aventura.

A. A. GÓMEZ YEBRA

TALLER

1. Escribe palabras que contengan sólo una de estas vocales.

- **a** apaga, gastas, basta, cama, fama…
- **e** gente, lee, entre, jefe, este, en…
- **o** solo, como, con, no, loro, corto…

▶ Ahora elige dos de las vocales anteriores y escribe un poema o una historia breve en los que aparezcan sólo palabras con esas vocales.

enfrascada: atenta a una cosa sin desviar su atención hacia otras.

14 El abrigo de piel marrón

Ahora, Samuel tenía absoluta certeza de lo que había pasado. Pero continuaba con muchas dudas sobre lo que debía hacer. La venganza era una fuerte tentación, aunque invadiría de remordimientos su vida, la transformaría por completo. No actuar, sin embargo, lo llenaba de dolor, le desgarraba el alma.

Dentro de unos minutos, ese ser misterioso pasará de nuevo, con su abrigo de piel marrón, su aire marcial y su mirada soberbia. Samuel lo espera.

Rita y Samuel se conocían desde que eran niños. Ambos vivían en Praga. No fueron a la misma escuela, pero a veces se cruzaban en la calle cuando iban al colegio. Luego coincidieron en el mismo instituto, si bien ella era de un curso inferior. Por entonces, Samuel no se fijaba en Rita, sino en otras compañeras.

Años después, en la universidad, se encontraron en una asamblea y comentaron lo que sucedía. Los ánimos estaban crispados. Unos profesores pedían calma y otros trataban de convencer a los jóvenes del peligro que suponía el **nazismo**.

Corría el año 1938 y la tensión anunciaba lo que iba a ocurrir unos meses más tarde: el inicio de la **Segunda Guerra Mundial**, la gran locura.

Al terminar aquella asamblea, Rita y Samuel salieron juntos, charlando. A partir de aquel momento coincidían con frecuencia camino de la universidad. No siempre eran encuentros casuales. Muchas veces, él esperaba en una esquina y se hacía el encontradizo.

Una mañana, Samuel vio desde lejos cómo ella llegaba al cruce de todos los días y se paraba durante unos minutos. A Samuel le pareció una buena señal y permaneció escondido hasta que Rita continuó su camino. Después salió a su encuentro por una calle paralela y se topó con ella en una esquina. La sonrisa de Rita brilló de lado a lado de su cara.

nazismo: conjunto de ideas que defendía la superioridad del pueblo alemán y la sumisión o eliminación de otras razas consideradas inferiores.

Segunda Guerra Mundial: guerra que mantuvieron, desde 1939 a 1945, los países que formaban el Eje (Alemania, Italia y Japón) frente a los aliados (Inglaterra, Francia, la antigua Unión Soviética, Estados Unidos y otros países). El conflicto provocó la muerte de millones de personas.

Rita y Samuel siguieron viéndose, primero en la calle y luego a solas, hasta que acabaron enamorándose perdidamente. Pero aquella felicidad duró poco.

En la primavera de 1939, su país, **Checoslovaquia**, fue invadido por los ejércitos alemanes. Las ideas del político alemán **Adolfo Hitler** acerca del predominio de la **raza aria**, la imposición del idioma alemán y el odio a los judíos dominaban la calle. El padre de Rita simpatizaba con las ideas de Hitler y se expresaba en alemán. En cambio, Samuel y su familia eran judíos y vivían en un barrio pobre de Praga.

Cuando el padre de la joven se enteró de que salían juntos, le dijo que prefería verla muerta antes que casada con un judío. Rita discutió en casa y llegó a estar dispuesta a todo.

El ambiente estaba tan enrarecido que Samuel no veía solución posible y decidió poner tierra de por medio para no comprometer a su querida Rita. Para ella podía ser un problema grave mantener relaciones con un judío. El joven metió sus pertenencias en una maleta, se puso su flamante abrigo de piel marrón, aquel que le había regalado su padre al cumplir veinte años, y marchó a refugiarse a las afueras de Praga, en la casa de unos amigos.

Por distintos medios, Samuel seguía en contacto con sus familiares. Meses después supo que los habían detenido, como a muchos judíos, y los habían enviado al campo de concentración de **Auschwitz**, en Polonia. Samuel estaba solo.

¿Qué podía hacer? Se mantuvo en su escondrijo y, a través de un amigo, envió un mensaje a Rita. Ella acudió a verlo. El tiempo que estuvieron juntos transcurrió, entre besos, veloz como un rayo.

–Cuídate, mi amor. Puede que me hayan seguido –le dijo Rita al marcharse.

Checoslovaquia: país europeo actualmente dividido en dos: República Checa, cuya capital es Praga, y República Eslovaca.
Adolfo Hitler: presidente alemán desde 1933. Sus ataques a otros países y, en concreto, la invasión de Polonia, en septiembre de 1939, significaron el comienzo de la Segunda Guerra Mundial.
raza aria: según las ideas nazis, raza supuestamente superior destinada a gobernar a la humanidad.
Auschwitz: ciudad de Polonia en la que, durante la Segunda Guerra Mundial, los nazis instalaron un campo de concentración en el que mataron a miles de personas, en su mayoría judíos.

Efectivamente. En mitad de la noche, la policía nazi entró en la casa, detuvo a sus amigos y consiguió encontrar a Samuel, que estaba escondido en un agujero al que se accedía desde el fondo de una alacena. No supo qué fue de sus amigos detenidos. Le dieron el tiempo justo para guardar sus cosas en la maleta y lo llevaron a la estación de tren.

La estación estaba repleta de judíos, callados y con la mirada triste. Los metieron en vagones cerrados, como si fuesen ganado, y al amanecer salieron de Praga. No sabían adónde los llevaban. Después de dos días, pararon en una estación. Samuel se aupó sobre los hombros de otro preso y a través de unas ranuras pudo leer el letrero del lugar en el que se encontraban: Cracovia. Es decir, estaban en Polonia, a más de quinientos kilómetros de Praga. Entonces lo vio con claridad: iban camino de la muerte, camino del lugar donde se entraba y no había posibilidad de salir vivo. Iban al campo de concentración de Auschwitz.

El tren continuó su camino. Samuel cerró los ojos tratando de buscar el medio de huir. Le quedaban pocas horas para intentarlo. Era plena noche. Por su mente pasaron velozmente imágenes de su corta vida. Pensó en Rita.

Durante el viaje había observado que una de las tablas del suelo del vagón estaba desclavada por un extremo. Había que intentarlo. Se arrodilló y, con ayuda de una navaja, apalancó la tabla. Debajo aparecieron las vías. Asomó la cabeza y observó. Bajarse en marcha era un suicidio, pero…

Samuel se introdujo cabeza abajo por la abertura, se sostuvo con las piernas al suelo del vagón, alargó los brazos hasta agarrarse a unos hierros y, con gran esfuerzo, se mantuvo suspendido. Apoyándose en los sitios más inverosímiles, avanzó unos centímetros hasta sujetarse a un cable. Era cuestión de esperar. En un determinado momento, el tren disminuyó su velocidad; se acercaban a un puente. Entonces se colgó hasta casi rozar el suelo y dejó caer su cuerpo sobre la vía, encogiéndose cuanto pudo. Milagrosamente, ningún hierro del tren lo tocó. Se quedó agazapado, esperando lo peor, hasta que pasó el último vagón. No se movió. Fueron unos instantes tensos, infinitamente largos.

Cuando sintió lejos el traqueteo de los vagones, se levantó. ¿Dónde estaba? ¿Adónde ir? Sólo un jersey lo protegía del frío: su maleta y su abrigo de piel marrón habían quedado en el vagón del tren.

Anduvo perdido tres días enteros. La tercera noche entró en un pueblecito polaco. Golpeó en la puerta de una casa de las afueras y le abrió una anciana. Su aspecto lastimero pudo más que el miedo de la mujer, y ésta le dio cobijo. Más de cuatro años permaneció Samuel metido en un escondrijo al que se accedía bajo un pesebre de la cuadra. Por las noches, después de oír cuatro golpes secos, se levantaba para hacer ejercicio físico y comer lo que le echaban por un tubo desde el piso superior. ¡Cuatro años! Una eternidad... Pero sin perder la esperanza.

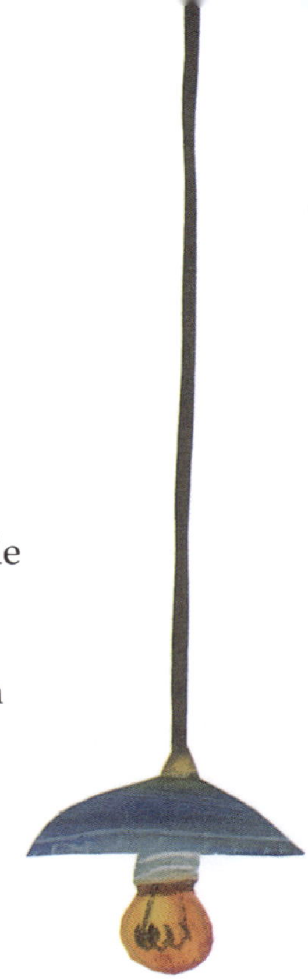

Una mañana, la anciana bajó al refugio y le gritó que ya podía salir. ¡La guerra había terminado! Samuel pasó el día pegado a una radio. Le costó intentar comprender la barbarie que se había desatado, imaginarse que no estaba loco y que aquello no eran noticias de otro planeta. Los datos eran tan terribles que no terminaba de asimilarlo: conflicto mundial, seis millones de judíos muertos, dos mil personas quemadas cada día en Auschwitz, millones de muertos en todo el mundo, gases mortíferos, bombas atómicas, guerra en todos los lugares de la Tierra… ¿Aquello podía ser verdad?

Samuel volvió a Praga. Su casa había sido saqueada; pero pudo recuperar algunas joyas y una pequeña cantidad de dinero que su padre había escondido en un hueco en la pared. Todos sus familiares y amigos habían muerto, desaparecido o huido. De Rita pudo saber que había escapado, después de ser acusada de haber tenido relaciones con un judío. Samuel se sintió solo, profundamente solo.

Pasaron unos meses. Llegó el invierno, el duro invierno de 1945. Era una tarde fría y comenzaba a nevar. Ocurrió de una forma totalmente inesperada, por azar. Samuel caminaba distraído por una plaza de la Ciudad Vieja de Praga cuando algo le llamó la atención. Delante de él caminaba un hombre alto, con gorro ruso y bufanda, que llevaba un abrigo de piel marrón exactamente igual al suyo, a aquel abrigo que le había regalado su padre. Se acercó un poco más y comprobó que era su abrigo. Estaba prácticamente seguro. No podía haber otro abrigo igual, ya que se lo había hecho a medida un peletero amigo de la familia. Se detuvo un momento y luego siguió al desconocido a una cierta distancia. Para su sorpresa, el hombre entró en el portal de la casa de Rita.

Por más que daba vueltas a su cabeza, Samuel no lograba entender cómo había llegado su abrigo a manos de aquel desconocido. Durante varios días estuvo yendo a un pequeño café situado frente a aquella casa y así logró enterarse de que aquel hombre era el padre de Rita. Pero... ¿qué hacía con su abrigo? Lo primero era asegurarse de que, efectivamente, aquel abrigo era el suyo. ¿Y si era así?

Fue el día 1 de diciembre. Nevaba intensamente. Samuel seguía al hombre del abrigo y vio que entraba en un café. Él entró poco después. Con una mirada rápida, se fijó en el lugar en el que estaba sentado y se dirigió al perchero. Se puso de espaldas al individuo y, al dejar su chaquetón, levantó con disimulo la solapa izquierda del abrigo de cuero. Entonces vio las iniciales impresas a fuego: S. L. J. «Samuel Low Joff, que soy yo, mientras no se demuestre lo contrario», pensó. A continuación se sentó cerca de aquel hombre. Mientras tomaba un té, lo examinó en detalle: unos cincuenta años, alto y de complexión recia, cara cuadrada, cuello ancho, pelo rubio entremezclado con canas, expresión distante y decidida. Un **prototipo** de la raza aria.

¿Cómo había llegado a «aquel» individuo «aquel» abrigo que se quedó en «aquel» vagón que los conducía hacia «aquel» campo de concentración a más de quinientos kilómetros de distancia? Tenía que encajar las piezas que componían aquel rompecabezas. Conocía el principio y el fin y, sin duda, en Auschwitz, el campo de la muerte, tenía que encontrarse la clave.

---

prototipo: que tiene todas las características de su clase.

Samuel viajó al pueblo de Auschwitz. En la estación preguntó si vivía allí alguno de los siete mil judíos que fueron liberados del campo de concentración al final de la guerra. Le señalaron a un hombre que estaba sentado junto a una ventana. Era delgado y tenía los ojos hundidos y muy brillantes. Hablaron largo rato, y el hombre se ofreció a enseñarle el lugar del martirio. Sería su guía.

Una vez en el campo de concentración, el ex prisionero comenzó a contarle los hechos que habían sucedido en aquel lugar. Samuel no podía creerlo, le parecía que las atrocidades que allí habían ocurrido a lo largo de cinco años eran una ceremonia macabra generada por una mente enferma. Ante sus ojos estaba lo que gran parte del mundo había ignorado: alambradas, barracones, patíbulos, salas de gaseado, hornos crematorios, celdas de castigo, el paredón de las ejecuciones, vagones con pertenencias de los prisioneros... Samuel notaba la presencia de toda su familia, de muchos de sus amigos, de su pueblo.

No le brotó ni una sola lágrima. Pero una angustia terrible lo ahogaba y le impedía respirar con normalidad.

–¿Qué hacían con las pertenencias de los presos? –preguntó Samuel al ex prisionero, que por una extraña suerte del destino había salido vivo de aquel campo de la muerte.

–A Auschwitz llegaban todos los días varios trenes cargados con judíos, como tú y como yo. Venían engañados, pensando que iban a otras tierras, por lo que en una maleta traían lo mejor que tenían: dinero, oro, joyas, objetos personales valiosos... Todo ello **se confiscaba** al entrar. Los objetos de oro y de plata se fundían y se enviaban a Berlín. Lo mismo se hacía con la ropa. Diariamente salían vagones llenos de mercancías.

–¿Para venderlos en las tiendas?

–No. Los objetos se seleccionaban y se enviaban al ejército nazi, a fábricas de reciclaje o a zonas donde se necesitaban. No se perdía nada, ni un botón. Las joyas y las ropas de valor se enviaban a determinadas personas.

–¿Qué quiere decir a determinadas personas? –volvió a preguntar Samuel, que no daba crédito a lo que estaba oyendo.

–Cuando se encontraban joyas de especial valor, no se fundían, sino que se utilizaban para hacer regalos. Lo mismo se hacía con abrigos de calidad, chaquetones de piel, vestidos de seda, relojes. En los trenes había un vagón para esos objetos especiales, que se destinaban a personas importantes del régimen nazi.

–¿Todo se enviaba a Berlín?

–Los lingotes de oro y plata, sí; pero los regalos se hacían llegar a todos los territorios ocupados por los nazis, desde París hasta Atenas.

–¿También a Praga?

–Por supuesto. También a Praga.

---

se confiscaba: se le quitaban a una persona sus bienes y se los quedaban las autoridades.

Siguieron hablando un rato y se despidieron. Profundamente agradecido, Samuel pretendió que su guía aceptara algo de dinero.

–No, no me des nada, hermano. Ocúpate de contar a todo el mundo lo que has visto, que la humanidad conozca lo que aquí ha pasado para que no lo olvide. Que este campo de exterminio de Auschwitz quede como constancia y vergüenza de lo que hemos llegado a ser capaces de hacer los seres humanos.

Dentro de unos minutos, ese ser misterioso pasará de nuevo, con su abrigo de piel marrón, su aire marcial y su mirada soberbia. Samuel lo espera.

La memoria de los suyos, de Rita, va cobrando más fuerza si cabe… Un convencimiento repentino se apodera de él. Se da cuenta de que la venganza no conseguirá **extinguir** ese dolor que lo corroe.

Cuidadosamente se sube las solapas de su chaquetón. Con paso decidido, Samuel se aleja de allí y se pierde entre la niebla de la noche de Praga.

PABLO ZAPATA

---

extinguir: hacer desaparecer algo.

REGISTRO DE LECTURA

1. Copia sólo lo que sea verdadero.

- ☐ Rita y Samuel vivían en Praga.
- ☐ Rita y Samuel vivían en Auschwitz.
- ☐ Rita y Samuel eran judíos.
- ☐ Samuel era judío y vivía en un barrio pobre.
- ☐ Rita y Samuel se enamoraron antes del comienzo de la guerra.
- ☐ Rita y Samuel volvieron a verse al final de la guerra.
- ☐ Samuel no volvió a ver a Rita después de la guerra.

2. ¿En qué momento de la historia sucede esto? Explica.

3. Numera y ordena estos hechos.

- ☐ A Samuel lo conducían en tren a Auschwitz.
- ☐ A Samuel le regaló su padre un abrigo de piel marrón.
- ☐ El abrigo de piel marrón se quedó en el tren.
- ☐ Al acabar la guerra, Samuel descubrió que su abrigo lo llevaba puesto un hombre.
- ☐ Samuel averiguó cómo había llegado su abrigo a manos de ese hombre.
- ☐ Samuel consiguió escapar del tren.

4. Explica.

- ¿Cómo llegó el abrigo de Samuel a manos del padre de Rita?
- ¿Qué piensa hacer Samuel al principio de la historia?
- ¿Qué hace al final?

Los días del calendario

Los días del calendario
visten de rojo el domingo,
hartos del luto diario.

Y se envidian entre ellos,
porque todos quieren ser
el día **cinco de enero**.

Y se cambian de semana
y se pasan la mañana
soñando con ser un día
cifra de la lotería.

Hartos ya del calendario,
ahorran ceros y ceros
para hacerse millonarios.

J. A. RAMÍREZ LOZANO

Fugaz y duradero

El tiempo es algo que asombra:
se achica o se **dilata**
como si fuera una sombra.
Parece que no acabara
una hora de reloj,
ya tengas una espezanza
o sufras algún dolor.
Qué distinto corre el tiempo:
qué corta la diversión,
qué largo el aburrimiento.
Es **efímera** la dicha;
eterno, el alejamiento;
son breves las despedidas.

ANA ROSSETTI

---

cinco de enero: día en que se celebra el sorteo de la lotería de El Niño.
dilata: alarga.
efímera: breve, de corta duración.

TIC TAC

El viajero del tiempo

El viajero
del reloj
sentado
en el minutero
saluda
con su sombrero
al llegar a la estación.

No volverá
a poner
sus pies
en donde vivió,
el viajero.

MANUEL JURADO

La vida

Con su maleta
vacía
apareció
en la ciudad.
Con su maleta,
llena de días,
se marchó
y no volvió
más.

MANUEL JURADO

TALLER

1. Lee.

Rítmico y acelerado.
Es tu tictac.
Latido del corazón.
Ojos del tiempo.
Juego puntual.

▶ Ahora escribe una palabra en vertical e inventa versos que comiencen por cada una de sus letras, para formar un acróstico.

Canguelo

PERSONAJES

- IVÁN
- CUCA
- QUIQUE
- TEO
- CHUS
- PEPE
- LÍA
- CRIS
- CICATRICES
- COCO
- EL PATILLAS
- POLICÍA
- DOÑA ÚRSULA

AMBIENTACIÓN

En un gran panel, que ocultará el resto del escenario, se dibujará un caserón de aspecto misterioso y siniestro. También se puede utilizar un telón blanco sobre el que se proyectará una diapositiva de cualquier casa antigua y señorial.

Los niños irán vestidos con su ropa de uso diario. Aquellos que representan papeles de adultos estarán caracterizados con maquillaje y prendas que imiten, con exageración y cierta comicidad, a los personajes que quieren representar.

Cicatrices llevará una pistola de juguete, de colores chillones, que puede ser incluso de agua. Entre los personajes de El Patillas y de Cuca, disfrazada de «muerto», existirá cierta similitud en el vestuario, incluido el sombrero. El disfraz de los fantasmas consistirá en sábanas blancas, en las que se habrá practicado un par de orificios coincidentes con los ojos. El Policía llevará prendas oscuras, una gorra, unas esposas y una pistola de juguete. Doña Úrsula aparecerá caracterizada como una anciana fantasmal.

El salón del caserón tendrá un armario, dos puertas, y se completará con cuantos elementos se estime oportuno: sillones, cuadros, relojes... Conviene que ofrezca un aspecto polvoriento, fruto de un largo abandono.

(La escena se desarrolla delante del panel, que representa la fachada de un caserón siniestro. En escena, PEPE, CHUS, IVÁN, LÍA, QUIQUE, CUCA, TEO y CRIS. Algunos aparecen sentados en el bordillo de la acera o en un banco; los demás están de pie, alrededor.)

IVÁN. Quedamos. Mañana, a las siete de la tarde, en el callejón de detrás de la casa, para colarnos por la ventana rota.

CUCA. ¡Qué manía con las siete! ¡Si a esa hora ya es de noche!

IVÁN. Pues por eso.

QUIQUE. Si te parece, entramos a las doce de la mañana y lo anunciamos con unos altavoces, como si fuéramos los del circo.

TEO. Tiene que ser de noche, para que nadie nos vea.

CHUS. ¿Quién nos va a decir nada porque entremos en una casa abandonada?

PEPE. Abandonada o no, es una propiedad privada. Ahora pertenece a los herederos de la vieja.

CUCA. Ya salió el hijo del poli... Los únicos herederos de doña Úrsula son sus tropecientos gatos y los fantasmas que cuentan que hay en la casa. Por muy gatos y fantasmas que sean, no creo que se molesten si los visitamos de día.

IVÁN. ¡Y dale!

LÍA. Es verdad, Iván, yo tampoco entiendo por qué hay que ir a oscuras pudiendo hacerlo a la luz del día. Nadie nos va a ver si entramos por detrás.

QUIQUE. Lo que pasa es que, en la oscuridad, las tías se mueren de miedo.

PEPE. ¿Sólo las tías? Las tías, las sobrinas, las primas, las hermanas... Para mí, que todas las chicas son unas miedosas.

CRIS. *(Se acerca a PEPE en actitud amenazadora. Contrasta cómicamente el cuerpo de ella, la grandullona del grupo, con el de PEPE, el más pequeñajo.)* ¿Miedosa yo, enano?

PEPE. He dicho las chicas en general. Siempre habrá excepciones, digo yo...

(Las chicas se ríen burlonas. Se levantan los que estaban sentados.)

TEO. Muy bien, pues si no tenéis miedo, mañana a las siete en el callejón.

CRIS. A las siete o a las doce de la noche si queréis.

IVÁN. Tampoco hay que exagerar...

LÍA. *(Ríe.)* ¡Vale, vale! Mañana, a las siete de la tarde. *(A las otras chicas.)* Vámonos.

CHUS. ¡Hasta mañana, valientes!

(Se van por un lateral, pero, antes de salir, CUCA se vuelve.)

CUCA. *(Grita a los chicos.)* ¡Y no olvidéis venir con dodotis!

PEPE. *(Picado y con cierto afán revanchista, a los otros chicos.)* ¿Sabéis lo que os digo? Que mañana vamos a ver si las chicas son tan valientes. Tengo un plan para que tiemblen de miedo.

TEO. Seguro que no hace falta. Si de verdad en el caserón hay fantasmas y muertos deambulantes...

QUIQUE. *(Con cierto temor perceptible.)* ¿Tú crees?

IVÁN. Vamos, tíos, no seáis miedicas. ¿Cómo va a haber fantasmas? Los fantasmas no existen. Lo «díver» de entrar en el caserón es la aventura, además de intentar descubrir qué ocultaba doña Úrsula, que no dejaba entrar a nadie en su casa.

PEPE. Ya entraron el juez y la policía cuando murió y no encontraron nada especial. Mi padre dice que sólo telarañas y un olor a gato que tiraba de espaldas.

TEO. A lo mejor escondía un tesoro y nos hacemos ricos si lo encontramos.

IVÁN. ¡Anda ya, si estaba arruinada! Yo creo que ocultaba algo misterioso.

PEPE. Quizá doña Úrsula, en su juventud, fue una artista famosa y tiene fotos... *(Con expresión picante y gestos cómicos de insinuación.)* ya sabéis...

IVÁN. No te enrolles. Mejor, piensa en un plan para asustar a las chicas, que me parece una idea supergenial.

(Se apartan a un lado. Todos rodean a PEPE.)

PEPE. Esa fanfarrona de Cris se va a enterar... Será muy grandona, pero yo soy muy tío... Bueno, pues he pensado que... *(Va bajando la voz, de forma que al final no se oye más que un bisbiseo.)* cuando estemos en el caserón...

(Se hace el oscuro. Música durante unos instantes. Enseguida vuelve la luz. En escena aparecen CHUS, LÍA, CUCA y CRIS. Algunas con mochila.)

LÍA. Bueno, ya sabéis, cuando vayamos a entrar en el caserón, fingimos que tenemos miedo para que disfruten los «machitos» y se crezcan. Luego, ya sabéis...

CHUS. Yo no creo que necesite fingir mucho.

CUCA. Yo tampoco. Mira que si es verdad que hay fantasmas y muertos...

CRIS. No digas bobadas. Los únicos fantasmas y muertos vivientes son ellos, los chicos, pero les vamos a enseñar lo que es un muerto.

LÍA. Vamos al callejón, que ya son más de las siete.

CRIS. Mejor, así creerán que no vamos a aparecer, que nos hemos rajado.

(Salen por la izquierda. De inmediato, por la derecha entran sigilosos dos tipos mal encarados y de aspecto terrible, el CICATRICES y el caco COCO. Estos personajes, más que miedo, producen risa.)

CICATRICES. Coco, ¿has visto qué cerca tenemos al tipo ése que nos sigue desde hace días?

COCO. Sí, sí, claro. *(Señala hacia la izquierda.)* Viene por allí.

CICATRICES. *(Lo remeda.)* Sí, sí, claro. ¡No, idiota! *(Señala hacia la derecha.)* Por allí.

COCO. ¡Pues eso! Lo que yo decía… *(Señala hacia la derecha.)* Por allí.

CICATRICES. ¿Sabes qué? Que ése es El Patillas, de la banda de Los Cacatúas, que nos quiere liquidar para quedarse con nuestro territorio. Y nuestro territorio es nuestro territorio.

COCO. ¡Hombre, claro! Si no fuera nuestro territorio, no sería nuestro territorio.

CICATRICES. ¿Y sabes qué te digo? *(Saca un pistolón.)* Que a ese tío, en cuanto aparezca, me lo cargo; que el que da primero da dos veces.

COCO. ¿Te das cuenta de que vas a gastar la única bala que nos queda?

CICATRICES. Me doy cuenta. Pero tenemos que defender nuestro territorio.

(Por el lateral derecho entra EL PATILLAS, con unas largas patillas que recorren su rostro siniestro. Usa sombrero y viene silbando. CICATRICES, sin más preámbulos, le suelta un tiro. EL PATILLAS se tambalea cómicamente y, al fin, se desploma con aparatosidad.)

COCO. ¡Qué bestia! ¡Te lo has cargado! ¿Y ahora qué hacemos con el fiambre?

CICATRICES. Vamos a esconderlo en nuestra guarida y ya veremos después.

COCO. ¿Y cómo vamos a cruzar la calle con un muerto?

CICATRICES. Fingiremos que está borracho y que nosotros hemos bebido bastante también. Iremos cantando.

(Tras colocarle el sombrero, lo levantan, le cogen los brazos, se los pasan por encima de los hombros y lo sujetan para que no se les caiga. De ese modo caminan inseguros hacia el caserón, mientras cantan alguna canción para dar la impresión de que han bebido más de la cuenta. Y así, se hace el oscuro. Música de suspense durante la transición. Cuando vuelve la luz, se ha retirado el panel del caserón, y nos encontramos en el salón de la casa. Ambiente en penumbra. En escena, el grupo de chicos y chicas.)

IVÁN. ¿Veis cómo aquí no ocurre nada? No sé por qué teníais tanto canguelo.

CHUS. *(Mira a uno y otro lado con fingida desconfianza.)* ¿Canguelo nosotras?

LÍA. *(Titubeante.)* No... nosotras... no...

CUCA. *(Igual.)* No te... tenemos miedo de na... nada. Bueno, de casi na... nada.

QUIQUE. *(Fanfarrón.)* Con nosotros aquí, chicas, no podéis tener miedo.

TEO. *(Paternalista.)* Nosotros os protegeremos.

CHUS. *(Con voz de inocencia.)* ¿De qué? ¿Es que hay algo de lo que protegernos?

TEO. ¡No, no! Sólo quería decir que si lo hubiera...

LÍA. ¿Y cómo puedes estar seguro de que no lo hay?

TEO. Pues... porque... *(Acorralado.)* lo ha dicho… *(Señala a IVÁN.)* éste.

LÍA. ¡Ah, bueno! ¿Y éste qué sabe?

IVÁN. *(Petulante.)* Yo sé que todo eso de los fantasmas y de los muertos vivientes es una chorrada. ¡Fantasmas en el siglo veintiuno! ¡Qué memez!

(De repente, PEPE pega un fuerte zapatazo en el suelo. Todos dan un respingo y tienden a protegerse instintivamente unos con otros.)

PEPE. Una cucaracha... *(Al ver la cara de enfado de los demás.)* Quería atacarme...

CRIS. *(Teatral)* ¡Huy, qué susto! Creí que era un fantasma.

PEPE. *(Se le acerca y, con no poca dificultad por la diferencia de estatura, le echa el brazo por el hombro.)* No temas, pequeña, que aquí está Pepón para salvarte.

CRIS. *(Cómicamente cursi.)* Gracias, Pepito.

PEPE. *(Saca pecho y se pone de puntillas. Silabea.)* Pe-pón.

CRIS. *(Continúa su juego de cursilería.)* ¡Oh, Pepón! ¡Me has alborotado el corazón!

IVÁN. Dejaos de bobadas y vamos a ver qué encontramos por ahí. No se os ocurra encender ninguna luz, con la que entra por las ventanas se ve de sobra. Quien no vea bien, que se aguante. Otra cosa, iremos cada uno por un lado, que esta casa en muy grande y no podemos pasarnos aquí toda la noche.

(Se van todos en distintas direcciones. Instantes después, vuelven LÍA y CUCA y de inmediato CRIS y CHUS. Se juntan en medio del escenario y se ríen por lo bajini.)

LÍA. Bueno, chicas, no hay un minuto que perder. Cuca, ¿estás lista?

CUCA. Sí.

CRIS. Pues adelante con nuestro plan.

(De las mochilas, sacan diversas prendas y objetos. Con ellos, caracterizan a CUCA como un hombre, y para que sea más realista y menos reconocible, le colocan un sombrero y un gran mostacho. Después, le empolvan la cara de blanco y le oscurecen la zona de los ojos, con lo que adquiere un aspecto cadavérico. Contemplan con orgullo su obra.)

CHUS. ¡Qué pasada! Das miedo al miedo. Aun conociéndote, casi me da un telele.

LÍA. ¡Venga, rápido, al armario! *(CUCA se mete dentro del armario.)* No te asustarás si cerramos la puerta, ¿verdad?

CUCA. *(Con sorna.)* Ya no. ¿No veis que ahora soy un hombrecito? Al primero que abra la puerta lo voy a dejar planchado del susto.

CRIS. *(Cierra las puertas del armario.)* Bueno, conviene que nos larguemos para dejar libre el camino a «las víctimas».

(Se encaminan hacia el lateral izquierdo cuando, de repente, aparecen dos fantasmas agitando los brazos bajo las sábanas blancas y emitiendo ruidos guturales. Las chicas se llevan un buen susto y corren hacia el fondo, por donde escapan entre gritos. Los fantasmas sueltan una carcajada, se quitan las sábanas y descubrimos a QUIQUE y TEO.)

QUIQUE. ¡Qué guay, menudo susto les hemos dado!

TEO. Vamos a buscar a Iván y a Pepe para contárselo.

QUIQUE. ¡Vale! Pero… ¿qué hacemos con las sábanas?

TEO. Vamos a guardarlas en ese armario para cuando volvamos a convertirnos en terroríficos fantasmas. Después del éxito, hay que repetir el numerito.

(Van al armario y abren las puertas. Aparece CUCA y, con los brazos extendidos, avanza hacia ellos. TEO y QUIQUE retroceden paralizados por el terror.)

QUIQUE. *(Desconcertado.)* Bu... bu... buenas. ¿Es... está usted bien?

(De repente, dan un grito, tiran las sábanas y escapan a la carrera por la izquierda.)

CUCA. *(Muerta de risa.)* ¡Volved, valientes! ¡Eh, machitos!

(Recoge las sábanas, se mete con ellas en el armario y se encierra. De inmediato, por el lateral derecho aparecen CICATRICES y COCO cargados con EL PATILLAS.)

COCO. Anda que no pesa el pollo. ¡Qué barbaridad! ¿Y ahora, qué hacemos con él?

CICATRICES. De momento vamos a encerrarlo en ese armario hasta que se nos ocurra algo.

(Se acercan al armario y, al abrir las puertas, aparece CUCA. COCO y CICATRICES dan un respingo y un grito, sueltan al muerto y huyen por el lateral derecho. Mientras, CUCA, al descubrir el cadáver, grita también y escapa por la izquierda. Enseguida reaparecen CICATRICES y COCO, que se acercan con cautela.)

COCO. Te digo que era un muerto, una aparición. Estoy asustado, Cicatrices.

CICATRICES. Un muerto no escapa a la carrera. Un muerto no se mueve. Mira, ¿ves? El Patillas está en el suelo, cumpliendo con su obligación. Para mí que ha sido una alucinación o que alguien ha entrado aquí durante nuestra ausencia.

COCO. No es posible.

CICATRICES. Vamos a meter al muerto en el armario de una vez y revisamos el caserón. *(Meten a EL PATILLAS dentro y cierran las puertas. Se oye un ligero ruido en el lateral izquierdo.)* He oído un ruido, como si se acercara alguien.

COCO. *(Con miedo.)* Yo… tengo un canguelo...

CICATRICES. ¡No seas idiota! ¡Anda, vamos a escondernos por si acaso!

(Salen por la derecha. Por el lateral izquierdo entran CRIS, CHUS y LÍA. Se dirigen hacia el armario y abren las puertas.)

CRIS. A ver, Cuca, ¿cómo va eso? ¿Has asustado ya a alguno?

(EL PATILLAS, lentamente, cae sobre ellas, que tratan de sujetarlo con movimientos exagerados, cómicos y macabros.)

CHUS. ¡Jo! ¡Deja de hacerte la muerta, que somos nosotras!

LÍA. ¡Venga, que pesas un montón! Si hasta parece que has crecido.

CRIS. Ya vale, ¿no? Van a venir los chicos y como nos pillen, se acabó el juego.

CHUS. *(Repara en la cara de EL PATILLAS.)* Ésta… no... no es… Cu... Cuca.

(Sueltan a EL PATILLAS, que cae, y escapan a la carrera por la izquierda. Instantes después, por la derecha, entra con precaución CICATRICES, seguido de COCO.)

COCO. Te digo que he oído ruidos, como si corrieran caballos.

CICATRICES. Tú si que, más que caballo, eres un asno. ¡Ni que estuviéramos en el hipódromo! ¿No ves que se ha abierto el armario y se ha caído El Patillas? Ése era el ruido. Vamos a meterlo dentro y asegúrate de cerrar bien las puertas.

(Vuelven a introducirlo en el armario. Cuando lo cierran, se oye un nuevo ruido al fondo.)

COCO. ¿No me digas que no lo has oído?

CICATRICES. Sí, ahora sí. Puede que sean los gatos. Por si acaso, tengo una idea.

COCO. Y yo otra: largarme al otro extremo del mundo.

CICATRICES. ¡No seas imbécil! *(Abre el armario y saca las sábanas.)* Con estas sábanas nos disfrazamos de fantasmas y espantamos a quien venga.

(Se ponen las sábanas. Inmediatamente entran por la izquierda IVÁN, con un saquito en la mano, y PEPE. Se acercan sonrientes a CICATRICES y COCO, que agitan los brazos.)

PEPE. ¿Qué, cómo van esos sustos? Ya hemos oído gritar a «las valientes».

IVÁN. ¡Qué bien se os ve de fantasmas! Yo creo que habéis nacido para esto.

PEPE. Es verdad. Hasta parecéis más altos. Lo que hacen las sábanas.

IVÁN. ¿Queréis saber lo mejor? Hemos encontrado un tesoro. *(Les muestra el saquito y su interior.)* Mirad, doña Úrsula tenía sus buenos ahorrillos.

(CICATRICES y COCO se agitan bajo las sábanas. Por la izquierda entran QUIQUE y TEO. Con la vista puesta en el armario, no reparan en los fantasmas.)

TEO. ¡Por fin, chicos! ¡No os podéis imaginar lo que nos ha pasado con el armario!

IVÁN. ¿Qué os ha pasado?

QUIQUE. ¡Un muerto viviente ha salido del armario! Cosa de fantasmas…

(De repente, QUIQUE y TEO reparan en los fantasmas y los señalan con sorpresa. A IVÁN y a PEPE les sucede lo mismo. Se señalan unos a otros. De pronto, como obedeciendo la misma orden, los cuatro chicos escapan a la carrera por la izquierda, incapaces de articular palabra. CICATRICES y COCO se quitan las sábanas.)

CICATRICES. ¿Has visto?

COCO. Son unos niños.

CICATRICES. ¡Me importa un pimiento que sean niños! Han encontrado nuestro dinero. Tenemos que recuperarlo.

(Salen tras los chicos, por donde éstos huyeron. Breve oscuro. Cuando vuelve la luz, el grupo de chicos y chicas se encuentra reunido.)

IVÁN. *(Sin soltar el saquito del dinero.)* Aquí hay fantasmas de verdad.

CUCA. Y muertos.

CRIS. Tenemos que largarnos cuanto antes; pero con la pasta, claro.

(Entran COCO y CICATRICES, que empuña el pistolón.)

CICATRICES. ¡De aquí no se larga nadie! Nos habéis quitado nuestro dinero, el merecido beneficio de tantos atracos… El fruto de nuestro respetable trabajo.

COCO. ¡Qué falta de honradez! Si es que ya no hay decencia…

CICATRICES. ¡Venga! Devolvednos nuestro dinero si no queréis que os despache *(Señala con el pistolón.)* como al del armario.

(Las puertas del armario se abren solas y el cuerpo de EL PATILLAS cae fuera y queda tumbado en el suelo.)

CHICAS, TEO Y QUIQUE. *(A coro.)* ¡El muerto!

(COCO y CICATRICES están desconcertados. Los jóvenes intercambian miradas y, aprovechando la confusión, se arrojan sobre ellos y los derriban. EL PATILLAS, en quien nadie reparaba, inesperadamente se levanta y saca una pistola.)

EL PATILLAS. ¡Manos arriba! Que nadie se mueva.

(Obedecen todos, sorprendidos. CICATRICES tira el pistolón.)

COCO. Ya me extrañaba a mí que con una sola bala te lo hubieras cargado.

EL PATILLAS. No es eso. Es que llevo chaleco, calzoncillos y maquillaje antibalas. ¡Chicos, venid aquí! Poneos junto a mí.

(Los jóvenes se le acercan con desconfianza y en un descuido, como hicieron antes, se arrojan sobre él, lo derriban y le quitan la pistola.)

CRIS. *(Con la pistola en la mano.)* ¡Quietos donde estáis! ¡No os mováis!

CICATRICES. ¡Bravo, chicos! Somos policías y llevamos tiempo detrás de éste. Es El Patillas, un peligrosísimo bandido. El dinero que habéis encontrado es el botín de sus atracos. Así que dadme la pistola y el dinero, que nosotros nos encargaremos de encerrarlo una larga temporada en chirona. ¿Verdad, Coco?

COCO. Sí, comisario.

EL PATILLAS. Os están engañando. El policía soy yo. Me hice el muerto para averiguar dónde tenían su guarida y dónde escondían el dinero estos ladrones. *(A CRIS.)* Devuélveme mi pistola.

(En ese instante, COCO, CICATRICES y EL PATILLAS se abalanzan sobre CRIS, intentando hacerse con la pistola. Los chicos acuden en ayuda de su compañera y se arma un lío impresionante. De repente aparece un POLICÍA de uniforme y con una pistola en la mano.)

POLICÍA. *(Dispara al aire.)* ¡Quietos todos!

(El sobresalto es general. Todos se ponen de pie con rapidez.)

EL PATILLAS. ¡Manolo, qué alegría! *(Recoge su pistola y la bolsa del dinero.)* ¡Menos mal que has llegado a tiempo! Creí que al final se nos fastidiaba la operación.

PEPE. *(Perplejo.)* ¡Papá!, ¿lo conoces?

POLICÍA. ¡Claro que sí! Es de la policía secreta. Lleva tiempo intentando cazar a estos dos pájaros, el Cicatrices y el caco Coco.

PEPE. ¡Uf, qué alivio! Después del canguelo que hemos pasado…

(Se ríen todos. Mientras, el POLICÍA y EL PATILLAS colocan las esposas a CICATRICES y COCO. De repente, aparece una anciana con aspecto de ultratumba.)

TODOS. *(A coro, con sorpresa y miedo.)* ¡Doña Úrsula!

DOÑA ÚRSULA. *(Amenazando con el bastón.)* ¡Fuera! ¡Fuera de mi casa!

(Todos echan a correr mientras va cayendo lentamente el telón.)

FERNANDO ALMENA

Ahora... tu opinión

1. ¿Qué te ha parecido este libro de lecturas? ¿Qué cambiarías de él?

2. ¿Conocías a alguno de los autores de *Lecturas amigas*? ¿Has leído un libro de alguno de ellos?

3. ¿Te han gustado las ilustraciones? Busca en las primeras páginas del libro el nombre de la ilustradora.

4. ¿Qué lecturas te gustan más?

☐ Las narraciones.

☐ Los poemas.

☐ Las obras de teatro.

SOBRE LAS NARRACIONES

5. ¿Qué tipo de historias prefieres?

☐ De humor.	☐ De aventuras.	☐ Históricas.
☐ De miedo.	☐ Fantásticas.	☐ Otras: ______

6. Ojea el índice del libro. ¿Qué narración te ha gustado más? ¿Recuerdas quién es su autor?

7. ¿Qué narración te ha gustado menos? ¿Por qué?

8. ¿Cuál ha sido el personaje del libro que más te ha gustado? ¿Qué te parece como lo ha representado la ilustradora?

9. Si tuvieses que escribir una historia cuyo protagonista fuese un personaje de este libro, ¿a cuál elegirías?

10. ¿Te gusta escribir historias? ¿Crees que es fácil o difícil el oficio de escritor?

SOBRE LA POESÍA

11. ¿Te gusta leer poesías?
¿Te han gustado los poemas de *Lecturas amigas*?

12. ¿Recuerdas algún poema que te haya gustado especialmente?
¿Quién lo ha escrito?

13. ¿Cómo prefieres leer los poemas, en voz alta o en silencio? ¿Por qué?

14. ¿Te gusta escribir poesías?
¿Has escrito algún poema durante este curso?

SOBRE LAS OBRAS DE TEATRO

15. ¿Qué te gusta más, leer teatro o representarlo?

16. ¿Qué obra de teatro de este libro te ha gustado más?
¿Quién es su autor?

17. ¿Has representado alguna vez una obra de teatro con tus compañeros? ¿Cómo preparasteis los decorados?

18. ¿Has ido alguna vez al teatro?
¿Recuerdas qué obra viste? ¿Te gustó?

Para leer más

La magia más poderosa

Carlo Frabetti
Ilustraciones de Araceli Sanz
Editorial Alfaguara
120 páginas

El enano Ulrico siente la insaciable curiosidad de conocer todos los secretos de la magia. Llevado por su enorme deseo de aprender, Ulrico recorrerá los más recónditos rincones del mundo en busca de dichos conocimientos. En su accidentado viaje, princesas encantadas, brujas, enanos y hadas se cruzarán en su camino y le harán vivir las más extrañas y divertidas situaciones.

Poesía española para jóvenes

Ana Pelegrín
Ilustraciones de Juan Ramón Alonso
Editorial Alfaguara
176 páginas

Esta antología reúne a grandes poetas de la literatura española en una selección muy cuidada y adecuada a la sensibilidad de los adolescentes de hoy.
Estos poetas nos hablan en sus versos del amor, del sentido de la vida, de la naturaleza… También incluye poemas anónimos de tradición oral que forman parte importante de nuestra literatura.

Bruno y la casa del espejo

Ricardo Gómez
Editorial Alfaguara
140 páginas

El robo de un libro –*Alicia en el País de la Maravillas*– será el desencadenante de una serie de extraños sucesos. Pero los problemas, por complicados que parezcan, siempre pueden resolverse cuando se afrontan con decisión.

Más rápido, más alto, más fuerte

M.ª Isabel Molina
Ilustraciones de Francisco Solé
Editorial Alfaguara
160 páginas

Victoria y Alejandro acompañan al joven Lucio hasta Olimpia para participar en las carreras de carros de las Olimpiadas. Pero Lucio no se ha preparado para la prueba y tendrá que intentar todo tipo de subterfugios para conseguir la victoria.

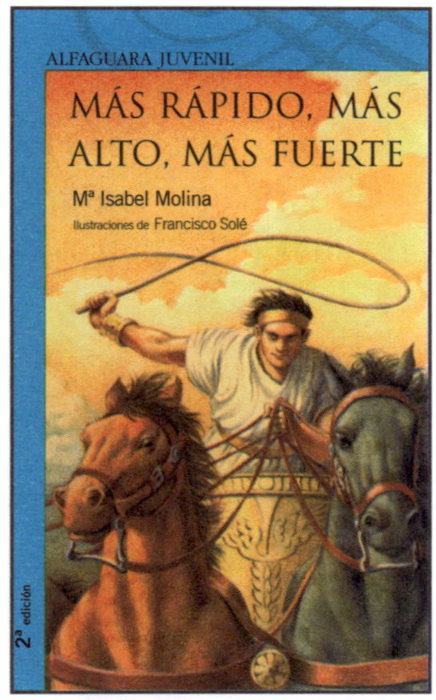

Manolito tiene un secreto

Elvira Lindo
Ilustraciones de Emilio Urberuaga
Editorial Alfaguara
136 páginas

Éste es el séptimo libro de Manolito Gafotas. En él Manolito tiene 10 años y como siempre van a ocurrirle un montón de cosas. En esta ocasión su clase ha sido seleccionada para recibir una ilustre visita por Navidad: el alcalde. Y Manolito se entera de un secreto…

James y el melocotón gigante

Roald Dahl
Ilustraciones de Quentin Blake
Editorial Alfaguara
184 páginas

James se ha quedado huérfano y se ha visto obligado a vivir con sus horribles tías… Pero la vida de James cambiará por completo gracias a una misteriosa poción y ya nunca volverá a quedarle sitio para la tristeza.

La maldición del bronce

Fernando Lalana
Editorial Alfaguara
188 páginas

Ramiro decide robar el famoso bronce de Botorrita. Su intención es demostrar que el Museo estaba mejor cuidado antes, cuando su padre era el encargado de la vigilancia, que ahora, que está custodiado por agentes de seguridad.

La historia interminable

Michael Ende
Ilustraciones de Roswhita Quadflieg
Editorial Alfaguara
452 páginas

Leyendo un extraño libro, Bastián averigua que el reino de Fantasía corre serio peligro. Sólo si se reúne con el valiente guerrero Atreyu, Fantasía podrá salvarse… Y Bastián inicia así la más increíble de las aventuras.

Don Quijote de la Mancha

Miguel de Cervantes
Prólogo de Josefina Aldecoa
Editorial Alfaguara
304 páginas

Con esta adaptación para la que se han seleccionado algunos capítulos, *El Quijote* se acerca a los más jóvenes, haciéndoles guiños de humor en sus notas al margen y transmitiéndoles con todo respeto al original la esencia de esta genial obra.

Malditas matemáticas

Carlo Frabetti
Ilustraciones de Joaquín Marín
Editorial Alfaguara
136 páginas

Alicia detesta las matemáticas y piensa que no sirven absolutamente para nada… hasta que un día un extraño personaje, que resulta ser Lewis Carroll, el autor de *Alicia en el País de las Maravillas*, la lleva a conocer el país de los números.

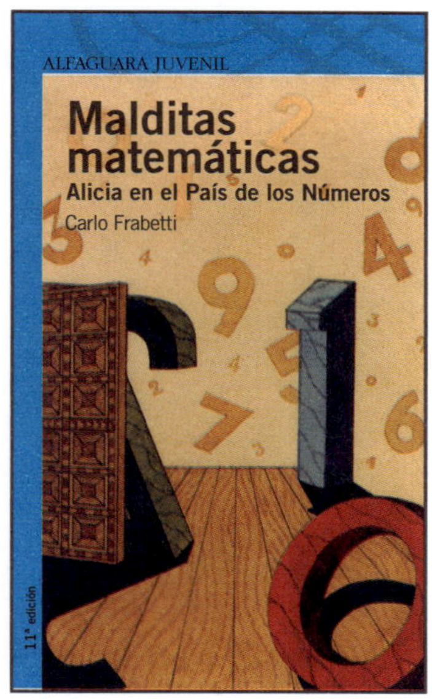